Quand bien manger devient un luxe

En finir avec la précarité alimentaire

Couverture : Aurélie Streiff

---

www.editionsatelier.com
www.twitter.com/ateliereditions
www.facebook.com/ateliereditions

Imprimé en France

ISBN : 978-2-7082-5411-4

Benjamin Sèze

Quand bien manger devient un luxe

En finir avec la précarité alimentaire

LES EDITIONS DE L'ATELIER
Les Editions Ouvrières

Introduction

Huit millions[1] de personnes sont aujourd'hui en situation d'insécurité alimentaire en France. Dit autrement, plus de 11 % de la population ne peuvent pas se nourrir comme ils le souhaiteraient et se voient contraints de se tourner vers une alimentation qui ne correspond pas à leurs goûts, ne répond pas à leurs besoins, et qui est, souvent, de mauvaise qualité.

Quelque cinq millions de ces personnes sont contraintes de recourir aux dons pour se nourrir. Elles font la queue lors des distributions de colis alimentaires ou se rendent dans des épiceries sociales. Boîtes de conserve ou paquets de pâtes composent le plus souvent leurs repas : les produits frais, eux, sont rares.

Dans l'imaginaire collectif, l'aide alimentaire était jusqu'à récemment synonyme d'extrême pauvreté, touchant une catégorie très minoritaire de la population. La crise sanitaire de 2020 est venue fissurer cette image quelque peu « arrangeante ». Les perturbations économiques engendrées par la crise du Covid ont exacerbé les problèmes

1. Agence nationale de sécurité sanitaire (Anses), INCA 3, étude individuelle nationale sur les consommations alimentaires, 2014-2015.

d'accès à l'alimentation, mais ont aussi révélé les difficultés structurelles de centaines de milliers de ménages à se nourrir correctement. Lorsque les médias se sont intéressés à celles et ceux qui faisaient la queue devant les distributions de colis alimentaires ou à l'entrée des épiceries sociales, on a découvert des petits retraités, des étudiants, des travailleurs précaires... Certains recouraient à l'aide alimentaire de façon permanente, parfois depuis des années. Pour d'autres, c'était la première fois : jusque-là, ils s'étaient arrangés autrement, en se rationnant ou en se tournant vers une alimentation à bas coût.

Parallèlement, le débat public s'anime chaque jour davantage autour des enjeux d'une alimentation saine et de modes de consommation et de production locales et durables. « Pour le bien-être animal », « Pour la planète », « Pour notre santé », il faut manger autrement dit-on. Au risque de laisser s'agrandir une fracture cruelle entre ceux qui auront les moyens de choisir une meilleure alimentation, en adéquation avec leurs préoccupations écologiques, éthiques et sanitaires, et ceux qui continueront de se débattre aux marges du système alimentaire pour pouvoir tout simplement se nourrir, alors même qu'ils sont les premiers à subir les conséquences sur la santé d'une mauvaise alimentation.

L'accès digne de tous à une alimentation de qualité est un enjeu démocratique majeur. Il est pourtant le plus souvent délaissé par les politiques publiques. Comment penser la transition alimentaire en intégrant dans nos réflexions tous ceux qui aujourd'hui sont contraints de recourir à un système caritatif ou à une offre alimentaire *low cost* souvent en totale inadéquation avec les enjeux écologiques et de santé publique et, plus encore, avec l'aspiration des personnes à manger mieux ?

Depuis 2020, la réflexion politique sur l'alimentation s'est accélérée, et la lutte contre la précarité alimentaire est devenue un enjeu important. Néanmoins, les solutions se résument pour beaucoup à des améliorations qualitatives et organisationnelles de l'aide alimentaire. On a du mal à sortir de cette logique. Comme si le seul horizon possible et souhaitable pour les ménages qui rencontrent aujourd'hui des difficultés à se nourrir correctement par leurs propres moyens était de dépendre de dons. Comme si l'insécurité alimentaire se résumait à un problème de qualité des aliments. L'enjeu de dignité, qui implique l'autonomie et la liberté de choix des personnes dans l'accès à l'alimentation, reste trop souvent un impensé. Cela interroge sur la place qui est faite aux ménages en situation de pauvreté dans notre société, et conforte beaucoup de ces derniers dans leur sentiment d'être des « sous-citoyens ». Faire dépendre près de 10 % de la population française de l'aide alimentaire, ce n'est plus un problème d'alimentation, mais de cohésion sociale.

Comment permettre à chacun, quelle que soit sa situation sociale, un accès digne à une alimentation choisie, saine et durable ? C'est la question à laquelle nous chercherons à répondre tout au long de cet ouvrage.

À travers des témoignages de personnes précaires, les analyses de chercheurs, les retours d'expérience de militants de la transition alimentaire ou/et de la lutte contre la pauvreté, un peu partout en France, de fonctionnaires territoriaux ou encore d'agriculteurs, ce livre-enquête remet en question l'idée que, dans nos sociétés d'abondance, tous les ménages trouvent leur compte, des coopératives bios aux rayons des enseignes discount. Il explore les réflexions et les chantiers à l'œuvre, notamment dans les Associations pour le maintien d'une agriculture paysanne (Amap), les épiceries solidaires, mais aussi dans les collectivités territoriales, de la fourchette à la fourche, pour rendre possible une meilleure alimentation accessible à tous.

Chapitre 1

Le « choc » du confinement

La citadine bleue roule à vive allure sur la départementale D 651 qui trace une longue ligne droite entre les vignobles et les bosquets de pins maritimes. Fabienne Nguyen, bénévole au Secours Catholique dans le secteur des Graves, au sud de Bordeaux, ne veut pas être en retard. Elle se sait attendue. Nous sommes le 7 avril 2020. Cela fait trois semaines que le gouvernement a décrété un confinement strict, sur tout le territoire, pour tenter de juguler l'épidémie de coronavirus.

À Saucats, un village de 3 000 habitants, Fabienne coupe le moteur devant un pavillon aux murs de crépi rose. Geneviève [1], retraitée âgée de 79 ans, l'attend debout, dans l'encadrement de la porte d'entrée. Lorsqu'elle aperçoit le photographe qui accompagne la bénévole pour le compte des publications du Secours Catholique, elle enlève son masque de protection... pour la photo. « *Malgré tout, la coquetterie, elle est là* », plaisante-t-elle.

Mains gantées et masque sur le nez, Fabienne lui remet, de la part de l'association, un chèque-service de

1. Les personnes citées par leur seul prénom ont demandé à rester anonymes. Certains prénoms ont été modifiés.

50 euros. « *Ça va me permettre de voir venir un peu* », remercie Geneviève. Avec cette somme, elle compte « *faire le plein* » de fruits et légumes. Elle se rendra dans une commune voisine plutôt qu'au supermarché local. « *On se connaît tous ici et on ne se dit pas tout. On a notre fierté* », confie-t-elle. Aide à domicile pendant trente-cinq ans auprès de personnes handicapées, Geneviève vit depuis dix ans avec une pension de 700 euros. Après avoir payé 360 euros de loyer et diverses charges fixes, il ne lui reste plus grand-chose. Avant le confinement, elle avait l'habitude de se rendre chaque semaine au Secours populaire de Léognan, à quelques kilomètres, afin de récupérer un colis alimentaire. Mais depuis mi-mars, en raison du risque sanitaire, les distributions de colis se sont raréfiées. Et elle s'est retrouvée en difficulté pour se nourrir.

C'est l'un des nombreux « effets de bord » du confinement décidé par le gouvernement : la fermeture immédiate des milliers de points de distribution d'aide alimentaire qui assuraient chaque semaine, un peu partout en France, l'approvisionnement des ménages précaires. La priorité est alors la sécurité des bénévoles associatifs, pour beaucoup âgés de plus de 60 ans, et donc considérés comme particulièrement vulnérables face au danger que représente le virus. Brutalement, des millions de personnes se sont ainsi retrouvées sans solutions pour remplir leur assiette. Beaucoup se sont alors orientées vers les collectivités territoriales.

À des centaines de kilomètres de Saucats, sur les hauteurs du massif des Vosges, Josiane Mansuy, déléguée insertion dans une maison de la solidarité et de la vie sociale (MSVS) départementale, raconte la stupéfaction des élus locaux qui ont vu ces familles se tourner vers eux. « *Mais ce n'est pas possible, les associations ne peuvent pas arrêter de distribuer*[2] *!* » réagit l'un d'eux. Comme si, tout d'un coup, leur focale s'ajustait sur une réalité jusque-là relativement floue, dont la gestion avait été abandonnée depuis des années au secteur associatif.

Un repas de plus par jour

À cette réalité est venue rapidement se greffer une autre. Celle de milliers de ménages habituellement hors des radars des acteurs caritatifs, qui au printemps 2020 ont dû solliciter une aide pour la première fois. En Meurthe-et-Moselle, le directeur du centre communal d'action sociale (CCAS) d'une petite ville de 10 000 habitants évoque ces « *invisibles qui se sont rendus visibles car ils étaient acculés*[3] ». Dans le Sud-Gironde, Joël Crete, un responsable associatif, parle de familles « *au bord de l'eau*[4] » qui, avec la prolongation du confinement, ont commencé à être submergées. Parmi elles, Caroline et Matthieu, et leurs enfants de 12 et 8 ans. Ces jeunes parents qui vivent à Podensac, un village de 3 000 habitants en bord de Garonne, ont vu leur budget alimentation brusquement grimper après le début du confinement. « *Depuis que nos enfants ne sont plus à l'école, cela fait deux repas en plus par jour à la maison*, témoigne Caroline, en mai 2020. *Et si on veut leur préparer des plats équilibrés comme à la cantine, les produits frais coûtent cher. Et puis, le fait d'être enfermé toute la journée pousse à la consommation. On grignote. On fait des gâteaux et du pain pour occuper les*

---

2. Entretien avec l'auteur, avril 2020.
3. Entretien avec l'auteur, juillet 2020.
4. Entretien avec l'auteur, juin 2020.

petits[5]. » Matthieu et Caroline sont alors au chômage depuis bientôt quatre mois. Lui a eu un accident de travail qui a abouti à un licenciement pour inaptitude physique, mi-janvier. Elle, est restée au chômage, faute de retrouver un poste dans la grande distribution depuis qu'ils se sont installés à Podensac pendant l'hiver, pour payer un loyer moins cher. « *Jusqu'à présent, on s'était débrouillés avec l'indemnité chômage de Matthieu et la recette de la vente de nos meubles lors du déménagement*, explique Caroline. *Mais en avril, c'est devenu trop compliqué.* » Le couple avait déjà connu des périodes critiques, de celles où l'on saute des repas. « *Mais cela ne nous était jamais arrivé depuis qu'on a nos enfants*, précise Caroline. *Là, ça nous a fait peur. Il n'était pas question qu'eux ne mangent pas.* » Alors le jeune ménage s'est résolu à contacter le Secours Catholique local qui lui a remis des chèques-services.

Ailleurs, des actions de distribution alimentaire se sont montées spontanément, parfois à l'initiative d'enseignants qui, au cours de séances en visio avec leurs élèves, ont constaté le dénuement dans lequel se trouvaient certaines familles. « *Ça a été une expérience collective forte*[6] », raconte Sébastien Fournier, professeur à l'école élémentaire de La Busserine, au nord de Marseille. Rapidement après le début du confinement, les associations de ce quartier populaire (centre social, club sportif, parents d'élèves, enseignants, locataires, collectif des musulmans, etc.) se sont organisées pour faire face aux besoins alimentaires de centaines de familles. « *La plupart des structures travaillent*

5. Entretien avec l'auteur, mai 2020.
6. Entretien avec l'auteur, juin 2020.

régulièrement ensemble, ce qui a facilité les choses », précise l'instituteur. Au fil des semaines, un mécanisme s'est mis en place : identification et information des familles, ouverture d'une cagnotte, collectes et achats de denrées, distributions de colis. « *On a découvert des situations dramatiques de familles qui ne mangeaient pas à leur faim depuis plusieurs semaines* », révèle Sébastien. Un peu partout en France, des actions de solidarité ont ainsi vu le jour, portées par des associations, des collectifs de citoyens ou de simples particuliers. La plateforme numérique covid-entraide.fr est née dans le but d'interconnecter ces expériences locales. En juin 2020, plus de 600 « groupes » locaux étaient référencés sur ce site web créé par des amis et militants de la Meuse.

« *Cantines scolaires fermées : des aides locales pour les familles en difficulté financière*[7] », titre TF1 Info, le 9 avril. « *À Paris, 1 enfant sur 5 vit en dessous du seuil de pauvreté et ne mange pas toujours à sa faim*[8] », alerte à son tour France 3 Régions, le 28 avril. Au fil des semaines, les médias s'emparent de cette situation d'urgence qui s'apparente à une crise humanitaire. En lisant le journal ou en regardant les informations à la télévision, on découvre qu'en France, le simple fait de devoir assurer un repas supplémentaire par enfant à domicile peut faire basculer des familles dans le rouge.

Le symbole est fort. Il est d'ailleurs repris par le gouvernement pour justifier le versement d'une aide exceptionnelle de solidarité aux foyers les plus modestes. « *La crise*

---

7. Justine Faure, « Cantines scolaires fermées : des aides locales pour les familles en difficulté financière », tf1info.fr, 9 avril 2020.
8. Emmanuelle Hunzinger, « À Paris, 1 enfant sur 5 vit en dessous du seuil de pauvreté et ne mange pas toujours à sa faim », france3-regions.francetvinfo.fr, 28 avril 2020.

épidémique pèse lourdement sur les conditions de vie des personnes modestes, et en particulier des familles[9] », dit le communiqué de presse publié le 15 avril 2020 par le ministère des Solidarités et de la Santé. Et de préciser : « *L'absence de cantine quasi gratuite fait par exemple supporter à de nombreuses familles une charge financière supplémentaire pour faire déjeuner leurs enfants.* »

Le cas des étudiants

Quelques mois plus tard, à l'automne, la question de la précarité alimentaire refait surface dans l'espace médiatique et politique, cette fois-ci à travers le cas précis des étudiants : « *Précarité étudiante : de plus en plus d'étudiants ont recours à l'aide alimentaire* » (France Culture, 26 octobre), « *Aide alimentaire : la part des jeunes bénéficiaires a augmenté de 13 % en un an, constatent les banques alimentaires* » (France Info, 27 novembre), « *Ces étudiants contraints à l'aide alimentaire pour ne pas "crever de faim"* » (TF1, 2 décembre), etc. La demande importante d'aide alimentaire de la part d'étudiants, apparue à l'occasion du premier confinement, s'est confirmée lors du deuxième. « *Depuis mi-mars, notre réseau d'épiceries solidaires, créé en 2011, a servi autant de bénéficiaires qu'en neuf ans*[10] », assurait en novembre 2020, Anniela Lamnaouar, de la Fédération des associations générales étudiantes (Fage), le syndicat étudiant majoritaire.

---

9. Sécurité sociale, « Covid-19 : le gouvernement annonce le versement d'une aide exceptionnelle de solidarité aux foyers les plus modestes », securite-sociale.fr, 15 avril 2020.
10. Entretien avec l'auteur, novembre 2020.

Écho similaire de la part du Centre national des œuvres universitaires et scolaires (Cnous) : « *À partir de mars, la demande d'aide ponctuelle de la part d'étudiants pour se nourrir a été multipliée par deux ou par trois, selon les régions, par rapport aux mois précédents*[11] », rapporte Dominique Marchand, sa présidente.

Ces afflux ont surpris. « *Au printemps, nous nous doutions que des étudiants se retrouveraient en difficulté*, explique Ludovic, maître de conférences au Collège sciences et technologies de Talence, dans l'agglomération bordelaise. *C'est d'ailleurs pour cela que nous nous sommes organisés en association, avec d'autres enseignants et des doctorants, et que nous sommes allés scotcher des affiches dans les résidences du Crous pour informer de nos distributions*[12]. » Les membres de l'association Solidarité Continuité alimentaire Bordeaux (Ascab) pensaient alors avoir « *quelques* » demandes. Ils en ont reçu deux cents en deux jours. « *Certains nous ont dit qu'ils n'avaient pas mangé depuis quarante-huit heures* », se souvient Ludovic, en cette matinée de novembre 2020. Derrière lui, dans une salle de travaux dirigés reconvertie en entrepôt, des paquets de pâtes et de semoule, des boîtes de conserve, des sachets de thé, des briques de lait, etc. sont entassés sur les tables en Formica poussées contre les murs. Assise derrière un bureau, Margot, doctorante, énonce la liste des commandes – « *Pour le n° 127 : du lait, du thon, du café et du thé...* » – tandis que Louise, Enrico et Emma remplissent des sacs numérotés. Ils préparent la troisième distribution alimentaire du deuxième confinement, qui a débuté dix jours

11. Entretien avec l'auteur, novembre 2020.
12. Entretien avec l'auteur, novembre 2020.

plus tôt. Des paniers d'une valeur moyenne de 30 euros vont être distribués dans l'après-midi sur le campus à cent vingt étudiants. « *Chaque semaine, on reçoit environ quatre cents demandes, qu'on ne peut pas toutes satisfaire* », précise Ludovic.

Un peu plus tard dans la journée, au point de distribution installé sur un parking du campus, Ismaël, 18 ans, s'avance timidement pour récupérer un colis. Réchauffé par une veste en polaire grise, les yeux cerclés par de fines lunettes, le jeune homme est accompagné de sa colocataire Beatriz, âgée de 19 ans. Le gros sac qu'ils s'apprêtent à recevoir contient des produits de première nécessité : des pâtes, des conserves, du lait, du thon, du café... Mais aussi du papier toilette, du savon, des serviettes hygiéniques. Avec cela, ils devraient économiser une centaine d'euros. Une somme non négligeable pour ces deux étudiants. Boursière à l'échelon 6, Beatriz, étudiante de deuxième année en littérature et civilisation étrangères, perçoit 487 euros par mois, auxquels sa mère ajoute 100 euros. Ce sont ses seuls revenus. Elle a renoncé à demander une aide au logement pour ne pas pénaliser sa mère qui vit avec son petit frère : « *Si je déclare que j'ai quitté la maison, elle perdra plus en aides que les 130 euros que je recevrai de la Caisse d'allocations familiales* [(CAF)] [13]. » Lorsqu'elle a payé son loyer de 400 euros, ses factures d'électricité et de téléphone et son abonnement de transport, il lui reste 115 euros pour tout le mois. Ismaël, lui, touche une bourse de 403 euros. Et perçoit 130 euros d'allocation logement. Ce sont également ses seuls revenus. Son père est décédé et sa mère, payée au salaire minimum de

13. Entretien avec l'auteur, novembre 2020.

croissance (Smic), ne peut pas l'aider financièrement. « *Elle me donne quand même du lait, des pâtes et des boîtes de conserve quand je vais la voir.* » Avec 533 euros de revenus pour 509 euros de frais fixes, cet étudiant en histoire de l'art avoue avancer « *un peu dans le flou* ».

Parmi les étudiants que les journalistes croisent dans les files d'attente des distributions alimentaires ou dans les rayons des épiceries sociales, beaucoup d'étrangers, mais aussi de jeunes Français issus de la classe moyenne, à l'image d'Ismaël et Beatriz. Certains ont basculé dans la précarité à cause du confinement. Pour d'autres, cette situation est plus structurelle, leurs difficultés sont anciennes et les initiatives nées lors de la crise sanitaire représentent une opportunité de les alléger.

À l'automne 2020, les images de ces jeunes faisant la queue pour recevoir des boîtes de conserve et des paquets de pâtes, de même que les chiffres impressionnants avancés par les associations quant au nombre de ménages recourant à l'aide alimentaire depuis le printemps, choquent l'opinion publique. Avec le confinement, les Français découvrent que, dans leur pays, l'une des puissances économiques mondiales, des millions de personnes dépendent de dons pour manger.

Coup d'accélérateur

Au niveau politique, cette lumière crue jetée par le contexte de pandémie sur la fragilité économique de nombreux ménages et leurs difficultés à se nourrir semble avoir l'effet d'un coup de fouet. En quelques mois, le gouvernement annonce une série de mesures : en septembre 2020, la création d'un Comité national de coordination de la lutte contre la précarité alimentaire (Cocolupa) et le doublement des versements de l'État pour l'aide alimentaire ; en novembre 2020, un plan de soutien exceptionnel de 100 millions d'euros destinés aux associations de lutte contre la pauvreté ; et enfin, en juillet 2021, un renforcement supplémentaire de 12 millions d'euros pour l'aide alimentaire et un plan d'action pour la transformation de l'aide alimentaire et la lutte contre la précarité alimentaire.

En réalité, si la crise du Covid-19 a donné un coup d'accélérateur, « *la réflexion avait débuté avant* [14] », précise Marie Drique, responsable thématique « Accès digne à une alimentation durable » au Secours Catholique, qui participe au Cocolupa. Elle s'inscrit dans la continuité des États généraux de l'alimentation de 2017 [15], et fait surtout suite à un rapport [16] de l'Inspection générale des affaires sociales (Igas) publié fin 2019 et rédigé par Franck Le Morvan et Thomas Wanecq, les deux inspecteurs auxquels le gouvernement avait demandé de travailler sur des voies d'amélioration possible du système de soutien public à l'aide alimentaire.

Et pour cause : s'il s'est accru avec la crise du Covid-19, le recours massif à l'aide alimentaire est plus ancien. En 2018,

14. Entretien avec l'auteur, juin 2021.

15. Promesse de campagne d'Emmanuel Macron, ce « chantier », lancé en juillet 2017, était destiné à répondre à un double impératif, assurer un revenu décent aux agriculteurs tout en répartissant plus équitablement la valeur dans la chaîne de l'industrie agroalimentaire, mais aussi mieux répondre aux attentes des consommateurs soucieux de préserver santé et environnement.

16. Franck Le Morvan, Thomas Wanecq, « La lutte contre la précarité alimentaire. Évolution du soutien public à une politique sociale, agricole et de santé publique », igas.gouv.fr, décembre 2019.

quelque 5,5 millions de personnes faisaient déjà appel à cette aide, pourtant censée n'être qu'une solution de dernier recours face à des situations d'extrême pauvreté. « *Elle ne devrait concerner que 700 000 personnes tout au plus, des gens vivant à la rue, à l'hôtel, dans des camps ou des bidonvilles*[17] », estime Dominique Paturel, chercheuse à l'Institut national de recherche pour l'agriculture, l'alimentation et l'environnement (Inrae). Marie Drique abonde : « *Au fil du temps, on a oublié que l'aide alimentaire s'inscrit dans un dispositif d'urgence. Le système actuel a été imaginé dans les années 1980 pour répondre à une situation qu'on estimait conjoncturelle. Mais l'aide s'est pérennisée face à une pauvreté structurelle.* » Comment en est-on arrivé là ?

17. Entretien avec l'auteur, septembre 2021.

Chapitre 2

Une aide d'urgence devenue pérenne

Le principe de l'aide alimentaire est vieux de plusieurs siècles. Déjà, au Moyen Âge, des soupes populaires étaient servies sous le porche des églises. Au XIXe siècle, des bureaux de bienfaisance distribuaient des bons pour pouvoir se fournir en viande ou en pain chez certains commerçants.

Le système tel que nous le connaissons aujourd'hui date, lui, des années 1980, avec l'apparition et le développement d'associations spécialisées dans la distribution de denrées aux plus précaires [1]. La France, comme une grande partie du reste du monde, traverse alors une crise économique depuis la fin des années 1970. Le chômage est en forte augmentation. On parle dans les médias de « nouveaux pauvres ». Ainsi, un reportage diffusé sur Antenne 2 en 1983 évoque « *beaucoup de célibataires, souvent des hommes jeunes à la recherche d'un emploi, beaucoup de femmes abandonnées avec leurs enfants* [2] ». La même année, alors que le gouvernement s'apprête à adopter une série de

1. Jean-Noël Retière, Jean-Pierre Le Crom, *Une solidarité en miettes. Socio-histoire de l'aide alimentaire des années 1930 à nos jours*, Rennes, PUR, 2018.
2. Institut national de l'audiovisuel (INA), « Antenne 2, le journal de 20 h : émission du 24 décembre 1983 », ina.fr.

mesures pour lutter contre la pauvreté, le journal télévisé du soir de FR 3 s'en fait l'écho, et dresse à l'occasion le portrait d'Yvette, concierge de profession, qui élève seule ses trois enfants et est aidée financièrement par le Secours populaire. « *Je fais les magasins qui sont le moins cher pour pouvoir acheter à manger. On est obligés de prendre des boîtes, aucun légume que je veux, je peux l'acheter. De la viande rouge, on n'en prend jamais*[3] », témoigne-t-elle. En mars 1984, on apprend dans un reportage d'Antenne 2 que, « *pour la première fois depuis l'appel de l'abbé Pierre en décembre 1954, Emmaüs a dû reprendre cette année les distributions de soupes populaires*[4] ». C'est dans ce contexte de paupérisation d'une partie de la population française que naissent simultanément les Banques alimentaires (fin 1984) et les Restos du cœur (1985), deux des piliers du système actuel de l'aide alimentaire, avec le Secours populaire et la Croix-Rouge française. Ce système consiste à redistribuer, gratuitement ou contre une participation symbolique, à des ménages qui justifient d'un niveau de vie particulièrement faible, des denrées données par des institutions publiques, des particuliers ou des entreprises, sous forme de colis ou de repas.

1980-2020

« Nouveaux pauvres » : l'expression est réapparue à la une de nombreux médias en 2020, à l'occasion de la crise du Covid-19, pour expliquer l'afflux de personnes dans les lieux de distribution d'aide alimentaire. Début juillet, soit

3. INA, « Soir 3 : émission du 25 janvier 1983 », ina.fr.
4. INA, Antenne 2, ina.fr, 14 mars 1984.

un mois et demi après la fin du premier confinement, les Banques alimentaires faisaient état d'une hausse de 20 à 30 % de leurs distributions depuis le début de la crise ; du côté du Secours populaire français, on a comptabilisé, pendant les deux mois du confinement, 45 % de personnes aidées en plus par rapport à la même période l'année précédente[5]. Et en mars 2021, le Comité national de coordination de la lutte contre la précarité alimentaire (Cocolupa) évoquait le chiffre de 7 millions[6] de personnes qui avaient eu recours à l'aide alimentaire en 2020.

Causes conjoncturelles *versus* causes structurelles

Si cette estimation impressionnante du nombre de personnes fréquentant les lieux de distribution alimentaire s'explique par le contexte de crise économique et sociale liée à la pandémie, elle ne peut, pour autant, être imputée à la seule conjoncture. Car, en réalité, elle traduit une tendance de fond. Déjà, en 2018, l'Igas estimait à 5,5 millions[7] le nombre d'usagers de l'aide alimentaire. Un chiffre qui avait

5. Axelle Brodiez-Dolino, « Pauvretés durables, pauvretés nouvelles : les conséquences sociales de la crise vues des associations », in Nicolas Duvoux, Michèle Lelièvre (dir.), « La Pauvreté démultipliée. Dimensions, processus et réponses. Printemps 2020, printemps 2021 », rapport du Conseil national des politiques de lutte contre la pauvreté et l'exclusion sociale (CNLE), cnle.gouv.fr, mai 2021, p. 64 et 85.

6. Cocolupa, communiqué de presse, sante.gouv.fr, 16 mars 2021.

7. Thierry Dieuleveux, Anne-Marie Helleisen, Cédric Puydebois, François Roussel, « Évaluation du programme européen d'aide aux plus démunis et de l'organisation de l'aide alimentaire française », rapport de l'Igas et du Conseil général de l'alimentation, de l'agriculture et des espaces ruraux (CGAAER), vie-publique.fr, 1er juillet 2008.

doublé en dix ans[8]. Si le nombre exact de personnes recourant aux dons pour se nourrir en France est aujourd'hui l'objet de controverses, sa forte hausse ces quinze dernières années, elle, ne fait pas débat.

Le sociologue Jean-Noël Retière et l'historien Jean-Pierre Le Crom, auteurs d'un ouvrage sur l'évolution de l'aide alimentaire des années 1930 à nos jours, ont pu l'observer à l'échelle locale dans l'agglomération nantaise : « *Quel que soit l'indicateur, quelle que soit l'association, les quantités de denrées alimentaires délivrées à titre gratuit, sans conditions autres que de ressources, ont crû dans des proportions considérables depuis le début de la décennie 1990. Après un ralentissement au creux des années 2000, les effectifs ont explosé*[9]. »

Quelles sont les raisons de cette hausse ? La crise économique de 2008 a évidemment eu un effet démultiplicateur. Au mois de novembre de cette année noire, la Fédération française des Banques alimentaires (FFBA) annonçait d'ailleurs un nombre record de personnes ayant eu recours durant les mois précédents aux dons de leurs établissements membres, dont une part grandissante de salariés

---

8. Ce chiffre correspond aux données annuelles collectées par la direction générale de la Cohésion sociale (DGCS) auprès des associations d'aide alimentaire légalement habilitées. Il peut comporter 30 % de doubles comptes, correspondant aux cas d'inscription d'une même personne dans plusieurs associations ou réseaux d'associations, mais ne tient pas compte, en revanche, de l'aide alimentaire distribuée par les CCAS ou les structures privées non habilitées. Dans une étude publiée en juin 2022, et intitulée « La crise sanitaire a accentué la précarité des bénéficiaires de l'aide alimentaire », l'Insee, se référant à d'autres sources, estime pour sa part entre 2 et 4 millions le nombre de recourants à l'aide alimentaire en 2021.

9. Jean-Noël Retière, Jean-Pierre Le Crom, *op. cit.*, p. 82.

pauvres[10]. Cette crise semble avoir eu un impact dans la durée. Fin mars 2013, dans leur bilan de campagne[11], les Restos du cœur déclaraient soutenir 40 % de personnes en plus depuis l'hiver 2008. Mais la hausse du chômage, liée à la crise, là encore, n'explique pas tout. D'autres raisons, plus structurelles, ont également joué. Ainsi, en 2012, la Fondation Abbé Pierre souligne, dans son rapport annuel[12], que le loyer et les factures de chauffage représentent désormais le premier poste budgétaire des foyers (24,8 %) et qu'ils absorbent même près de la moitié des ressources chez les plus modestes. Dans ce contexte, l'alimentation devient la variable d'ajustement dans le budget des ménages. « *L'aide alimentaire n'est plus réservée aux personnes relevant des minima sociaux : personnes salariées, retraités, familles monoparentales sont les nouveaux visages que l'on peut apercevoir dans les centres de distribution. Pour eux, les colis ou les achats en épiceries sociales permettent de dépenser sur d'autres postes*[13] », observe-t-on également à la Croix-Rouge. La hausse du nombre de bénéficiaires en emploi, notamment, va se confirmer au fil des ans. Dans une enquête[14] réalisée en 2016,

---

10. « Fréquentation record pour les banques alimentaires », lexpress.fr, 28 novembre 2008.

11. In Jean-Noël Escudié, « Lutte contre l'exclusion. La fréquentation des Restos du cœur en hausse de 11 % durant l'hiver 2012-2013 », banquedesterritoires.fr, 27 mars 2013.

12. Fondation Abbé Pierre, « L'état du mal-logement en France. 17e rapport annuel », janvier 2012.

13. In Agnès Thouvenot, « Aide alimentaire : les pauvres doivent-ils être condamnés à manger les surplus de notre société de consommation ? », *Sens-Dessous*, no 12, juillet 2013, p. 44.

14. In Arnaud Bazin, Éric Bocquet, « Aide alimentaire : un dispositif vital, un financement menacé ? Un modèle associatif fondé sur le bénévolat à préserver », rapport d'information no 34, senat.fr, 10 octobre 2018.

la FFBA évalue à 23 % la part des « travailleurs pauvres » qui s'approvisionnent auprès de son réseau.

Les travaux d'un collectif de chercheurs de l'organisme Fors-Recherche sociale, datant de la même époque, évoquent pour leur part comme cause de fragilisation des personnes accueillies, « *l'évolution globale des formes familiales*[15] », avec une forte augmentation du nombre de séparations et une multiplication des périodes de transition entre vie conjugale et célibat. Quand un couple divorce ou se sépare, c'est en effet tout un équilibre financier qui est bouleversé, avec souvent une perte de revenus et une augmentation des charges.

Directrice de la mission régionale d'information sur l'exclusion (MRIE) en Auvergne-Rhône-Alpes, Annaïg Abjean a pu faire toutes ces observations à l'échelle régionale. Dans un article publié en 2014, elle rapporte les propos du président des Restos du cœur en Haute-Savoie, qui témoigne de l'augmentation du recours « *des familles monoparentales, des retraités, des salariés avec des petits salaires et des loyers trop importants, des personnes licenciées en attente d'indemnités (car les délais des administrations ne tiennent pas toujours compte de l'urgence alimentaire), des migrants (en situation régulière et irrégulière), des commerçants en dépôt de bilan et des jeunes de moins de 25 ans sans emploi*[16] ».

---

15. Benjamin Badia, Florence Brunet, Audrey Carrera, Pauline Kertudo, Florence Tith (Fors-Recherche sociale), « Inégalités sociales et alimentation. Quels sont les besoins et les attentes en termes d'alimentation des personnes en situation d'insécurité alimentaire et comment les dispositifs d'aide alimentaire peuvent y répondre au mieux ? », agriculture.gouv.fr, décembre 2014, p. 52.
16. Annaïg Abjean, en collaboration avec Mélanie Tate, « Focus – L'aide alimentaire, symptôme d'une radicalisation de la pauvreté ? », *Informations sociales*, n° 182, 2017, p. 77.

Outre les chiffres de fréquentation, constate-t-elle, ce sont la durée et le renouvellement des recours à l'aide alimentaire qui traduisent la nature et l'ampleur des besoins. Et de préciser : « *Les personnes qui fréquentent les structures d'accueil connaissent de plus en plus des situations financières structurellement déficitaires*[17]. »

Aujourd'hui, ces observations semblent toujours d'actualité. Elles font furieusement écho au constat rapporté en juillet 2021 par la Direction de la recherche, des études, de l'évaluation et des statistiques (Drees), le service statistique public des ministères sanitaires et sociaux : « *Toutes structures (de distribution d'aide alimentaire) confondues, les catégories de population dont les parts sont le plus souvent citées comme étant en hausse sont les personnes seules, les travailleurs précaires et les familles monoparentales, puis les femmes et les jeunes de moins de 25 ans*[18]. »

Lutte contre le gaspillage

La hausse du chômage, mais aussi, de manière plus structurelle, l'augmentation du coût de la vie, l'évolution des formes familiales et la précarisation du travail peuvent donc expliquer la fréquentation toujours croissante des dispositifs d'aide alimentaire depuis trente ans, et l'apparition, soulignée par une étude[19] des Banques alimentaires

17. *Ibid.*, p. 76.
18. Drees-Insee, « Aide alimentaire : une hausse prononcée des volumes distribués par les associations en 2020 », drees.solidarites-sante.gouv.fr, 26 juillet 2021.
19. Ipsos-FFBA, « Étude nationale sur le profil des bénéficiaires d'une aide alimentaire auprès des CCAS, des associations et partenaires. Rapport d'analyses du volet quantitatif "Bénéficiaires" », 31 octobre 2012.

en 2012, de plus en plus de « *personnes insérées socialement* » aux côtés des « *grands exclus* ».

Mais la paupérisation d'une partie de la population française ne permet pas à elle seule de comprendre le développement de l'aide alimentaire. Ce phénomène est aussi le fruit de choix politiques de la part des dirigeants, qui ont vu dans la solution de compensation des difficultés financières de nombreux ménages l'opportunité de résoudre d'autres problèmes.

Pour Jean-Noël Retière et Jean Pierre Le Crom, ces choix politiques sont même au cœur du modèle d'aide alimentaire mis en place dans les années 1980 : « *C'est moins dans l'ampleur de la demande que dans l'offre de produits alimentaires, dégagée par les surplus agricoles, qu'il faut chercher les conditions de revitalisation des initiatives de secours*[20] ». Ils racontent comment, à partir du début des années 1970, s'est organisée à l'échelle européenne la mise à disposition pour les organismes à but non lucratif des excédents de la production agricole[21]. Cette démarche s'est notamment concrétisée en 1987 quand, lors d'un hiver particulièrement rude, la Commission européenne a lancé dans l'urgence le Programme européen d'aide aux plus démunis (PEAD), qui reposait sur un mécanisme de troc. Des matières premières (viande, lait, sucre, riz, etc.), étaient fournies par la Commission européenne aux États membres, qui les échangeaient auprès de professionnels de l'agroalimentaire contre des produits transformés (pâtes, yaourts, fromages, etc.), ensuite distribués à des associations caritatives. Si ce

20. Jean-Noël Retière, Jean-Pierre Le Com, *op. cit.*, p. 53.
21. *Ibid.*, p. 53.

système permettait d'assurer un approvisionnement conséquent des structures d'aide alimentaire, il offrait également à l'Union européenne l'opportunité d'écouler les très abondants stocks dits d'intervention, qu'elle avait constitués pour soutenir les prix agricoles dans le contexte de surproduction générée par la politique agricole commune (PAC). On parlait à l'époque de « montagnes de beurre » et de « lacs de lait » pour stigmatiser l'abondance de ces stocks.

En trente-cinq ans, ce système a évolué, notamment du fait de la diminution des stocks. Le troc a été presque entièrement remplacé par des achats auprès des industries agroalimentaires *via* le Fonds européen d'aide aux plus démunis (FEAD) qui s'est substitué au PEAD en 2014, et qui a été désolidarisé de la PAC. Si depuis lors, l'aide alimentaire est officiellement déconnectée de l'enjeu de maintien des prix agricoles, elle a été liée à un nouvel objectif qui là encore surpasse sa fonction sociale : celui de la lutte contre le gaspillage alimentaire, encouragée pour ses aspects climatiques et environnementaux. Cette dimension est clairement explicitée dans le règlement de l'Union européenne relatif au FEAD[22].

C'est également cette logique qui guide la loi Garot votée en France en 2016. Adoptée à l'unanimité par les députés, cette dernière contient une mesure forte qui consiste à obliger chaque supermarché de plus de 400 m^2 à rechercher un partenariat avec une association caritative pour lui céder ses invendus alimentaires, au lieu de les jeter ou de les

---

22. Règlement (UE) n° 223/2014 du Parlement européen et du conseil du 11 mars 2014 relatif au Fonds européen d'aide aux plus démunis.

détruire. Cette disposition, complétée par l'interdiction faite aux distributeurs alimentaires de rendre impropres à la consommation des invendus non encore périmés, est une initiative de Ségolène Royal, ministre de l'Écologie à l'époque. Initialement inscrite dans la loi de transition énergétique pour la croissance verte de juillet 2015, elle fut retirée par le Conseil constitutionnel, qui la jugeait sans lien direct avec la loi[23]. Elle est donc revenue l'année suivante devant les députés, et fut adoptée par le biais de la loi Garot.

Avec cette obligation légale, étendue deux ans plus tard aux entreprises agroalimentaires et à la restauration hors domicile, l'aide alimentaire devient un outil de politique environnementale. Tout le monde semble y trouver son intérêt : les structures d'aide alimentaire, à qui on garantit ainsi une importante source d'approvisionnement[24], les dirigeants politiques, qui peuvent ainsi apporter une réponse au scandale du gaspillage alimentaire, et enfin les acteurs de la grande distribution, qui font par ce biais des économies fiscales (en bénéficiant d'une réduction d'impôts de 60 % sur la valeur du don) et sur le coût du traitement des déchets. D'après une étude récente[25], 93 % des magasins pratiquent le don et interagissent en moyenne avec plus de deux

---

23. Pierre Le Hir, « La France fait la chasse au gaspillage alimentaire », lemonde.fr, 26 août 2015.

24. « *Les denrées sauvées du gaspillage alimentaire représentent ainsi, en 2017, 65 % des denrées collectées par les Banques alimentaires* », se réjouissaient en 2018 les auteurs d'un rapport d'information de la commission des finances du Sénat : cf. Arnaud Bazin, Éric Bocquet, rap. cit.

25. Comerso-Ipsos, « Baromètre 2018 de la valorisation des invendus de la grande distribution », comerso.fr, 2018.

associations. « *La majorité des acteurs de la grande distribution (94 %) met en avant la dimension sociale du don, toutefois 79 % d'entre eux disent s'être investis dans cette démarche pour des raisons financières (économie fiscale et coût de traitement des déchets)* [26] », observent les auteurs d'un rapport d'information du Sénat.

L'idée de « nouveaux publics » recourant aux dons pour se nourrir, qui réémerge dans les discours à chaque crise économique et sociale, donne l'impression d'un phénomène conjoncturel, comme si l'aide alimentaire venait essentiellement pallier une situation d'urgence, à un instant *t*, de manière temporaire. Or, ce que l'on constate, c'est que, si elle augmente brutalement à l'occasion des crises, la fréquentation de l'aide alimentaire ne baisse jamais à long terme. Depuis trente ans, elle est en constante augmentation du fait, d'une paupérisation croissante et multifactorielle de la société française, et de choix de gouvernements qui y voient l'opportunité de répondre à d'autres problématiques, comme la régulation du marché agricole européen et la lutte contre le gaspillage de la grande distribution. S'il existe un turnover parmi les usagers des dispositifs d'aide, si effectivement certains ménages n'y restent pas durablement, pour beaucoup d'autres, c'est leur principal et parfois seul moyen de se nourrir. Ainsi, loin de l'idée prégnante dans l'imaginaire collectif d'une solution de dernier recours pour des populations très marginalisées, l'aide alimentaire constitue aujourd'hui un circuit d'approvisionnement parallèle au marché classique, et pérenne pour des millions de

26. Arnaud Bazin, Éric Bocquet, rap. cit.

personnes – près de 10 %[27] de la population française, si l'on se réfère aux chiffres de la DGCS. Comment les ménages vivent-ils cette dépendance aux dons pour se nourrir ?

---

27. Cocolupa, communiqué de presse, sante.gouv.fr, 16 mars 2021.

Chapitre 3

Qualité des denrées, dignité des personnes... Pourquoi l'aide alimentaire pose question

« *Les sardines, je n'en peux plus ! J'ai tout essayé et sous toutes les formes, mais là, j'en peux plus ! Je n'ai pas le choix, si je les refuse, on me dit : "Quand on a vraiment faim, on prend ce que l'on nous donne", alors je prends... On n'a ni le choix des produits ni le choix des quantités. On peut avoir une carotte et deux petites pommes de terre ou 24 œufs pour une semaine.* » Ces quelques phrases prononcées par Daniel, usager de l'aide alimentaire en région parisienne, jettent un froid dans l'amphithéâtre du ministère de l'Économie et des Finances. Nous sommes le 12 octobre 2017 et ce quinquagénaire participe, avec le Secours Catholique, à un atelier des États généraux de l'alimentation [1]. Autour de lui, une cinquantaine de

1. Lancés le 20 juillet 2017 par le président Emmanuel Macron pour dynamiser l'agriculture, la pêche et l'agroalimentaire français, les États généraux de l'alimentation avaient vocation à être un temps de réflexion partagée et de construction de solutions nouvelles autour de deux thématiques : la création

personnes – des agriculteurs, des industriels, des distributeurs, des responsables associatifs, des fonctionnaires de collectivités locales, des chercheurs, etc. – sont réunies pour réfléchir et échanger sur le thème « Lutter contre l'insécurité alimentaire, s'assurer que chacun peut avoir accès à une alimentation suffisante et de qualité en France et dans le monde. » Des représentants des principaux acteurs de l'aide alimentaire sont évidemment présents. Quelques minutes auparavant, la FFBA a notamment projeté un PowerPoint pour donner un aperçu chiffré de son activité. Le témoignage de Daniel crée un malaise dans la salle, comme si cette réalité vécue en bout de chaîne était une surprise.

Elle est pourtant partagée par de nombreux ménages qui recourent aux dons pour se nourrir. Durant les sept années où elle a été sans emploi, Marie-France, 50 ans, aujourd'hui salariée dans la Nièvre, se souvient ainsi qu'elle « *n'avai*[t] *d'autre choix que de récupérer des colis alimentaires souvent sans produits frais, ni poisson, ni viande*[2] ». De même, lorsque Geneviève[3] se rend à la distribution alimentaire dans la campagne bordelaise, elle récupère « *surtout des conserves et des nouilles.* [...] *C'est mieux que rien, mais bon... Quand on est vieux, les boîtes de haricots en grains, on ne mange pas trop ça. C'est trop gras* ».

Loin de refléter des situations particulières, ces témoignages illustrent les dysfonctionnements d'un système, mis en lumière par le rapport de l'Igas de 2019, dans lequel

---

et la répartition de la valeur monétaire de l'alimentation, et une alimentation saine, sûre, durable et accessible à tous.

2. Entretien avec l'auteur, février 2020.

3. Cf. chap. 1.

Franck Le Morvan et Thomas Wanecq pointent les travers d'un « *fonctionnement d'ensemble de l'aide alimentaire* » guidé par une « *logique de flux poussés et non tirés par le besoin*[4] ». Un système dans lequel les goûts, les préoccupations, les impératifs et les modes de vie des personnes ne sont pas pris en compte.

Imprévisibilité, inadéquation et défaut de qualité

Les auteurs du rapport regrettent dans un premier temps l'imprévisibilité des dons, qui se répercute sur le contenu des colis distribués et l'achalandage des rayons des épiceries sociales : « [...] *le panier alimentaire est extrêmement variable d'un réseau à l'autre et au sein d'un même réseau d'une année sur l'autre. Ainsi la part des viandes-œufs-poissons dans la distribution peut varier de 5 % à 16 %, celle des fruits et légumes de 13 % à 30 % et celle des produits laitiers de 20 % à 41 %*[5]. » Déterminés par des logiques autres que celle de la satisfaction des besoins, les flux de produits frais oscillent souvent entre pénurie et surabondance. L'État achetant les surproductions afin d'éviter que leur cours ne s'effondre, les fruits et légumes fournis par l'intermédiaire du Plan national d'aide alimentaire (PNAA) peuvent arriver d'un coup en très grande quantité dans les points de distribution : « *Du coup, en plein hiver par exemple, endives et choux-fleurs parviennent dans les réseaux de l'aide alimentaire dans des proportions telles qu'ils ont du mal à être consommés*[6]. »

4. Franck Le Morvan, Thomas Wanecq, rap. cit., p. 33.
5. *Idem.*
6. Agnès Thouvenot, art. cit., p. 48.

Les inspecteurs de l'Igas soulignent ensuite l'incongruité d'une « offre » qui ne tient pas compte de la diversité des profils chez les personnes accueillies, et donc des différences de modes de vie que cela induit : il y a ceux qui sont sans abri et donc sans moyens de cuisson, ceux qui vivent à l'hôtel, et ceux enfin qui disposent d'un logement où ils peuvent cuisiner. Concernant ces derniers, ils s'interrogent notamment « *sur l'utilité d'acquérir (de surcroît en quantités excessives* [...]) *des sources de calories peu chères (comme les pâtes) dont les études populationnelles montrent qu'elles sont déjà surreprésentées dans la consommation des personnes ayant des difficultés*[7] ». Cette question de l'inadéquation fréquente entre les produits disponibles et les besoins des ménages se pose de façon encore plus accrue si l'on prend en compte les « *habitudes alimentaires (préférences pour certaines variétés de riz* [...], *végétarisme, pratiques d'origine confessionnelle, etc.), sans parler des besoins spécifiques liés à l'état de santé, l'âge ou la grossesse*[8] », observent-ils.

Le rapport de l'Igas évoque enfin un problème majeur : celui du défaut de qualité des denrées fournies aux associations. Les auteurs parlent ici de l'état de certains produits véritablement impropres à la consommation. Une dérive liée à la désinvolture de certains fournisseurs et à la faiblesse des possibilités de contrôle. En 2018, la FFBA a ainsi estimé que 20 %[9] des produits ramassés auprès de la grande distribution étaient inutilisables. Malgré l'interdiction

---

7. Franck Le Morvan, Thomas Wanecq, rap. cit., p. 37.

8. *Idem*.

9. In Guillaume Garot, Graziella Melchior, « Rapport d'information [...] sur l'évaluation de la loi n° 2016-138 du 11 février 2016 relative à la lutte contre le gaspillage alimentaire » (autrement appelé rapport Garot), n° 2025, assemblee-nationale.fr, 12 juin 2019.

légale[10], certains magasins n'hésitent pas en effet à donner des denrées périmées.

Entre les lignes du rapport pointe parfois l'agacement des inspecteurs. Ainsi, lorsqu'ils signalent « *la réticence suscitée par les aliments en conserve, lorsque la date de durabilité minimale est dépassée* », ils ajoutent cette remarque : « *les personnes accueillies à l'aide alimentaire n'*[ont] *légitimement pas de raisons d'avoir des attentes à cet égard différentes de celles des autres consommateurs*[11] ». À propos du manque de moyens de contrôle, ils expliquent, faussement naïfs, ne pas voir « *ce qui justifierait qu'on se satisfasse d'une qualité et d'une traçabilité moins exigeantes des denrées parce que celles-ci sont destinées à des personnes en situation de précarité*[12] ». Quelques mois avant la publication de leurs travaux, une affaire avait éclaté, révélant des failles dans les contrôles sanitaires. C'est le scandale des « faux steaks hachés » fournis par une société polonaise au FEAD, qui les redistribuait aux associations caritatives, Banque alimentaire, Croix-Rouge, Secours populaire, Restos du cœur. Ces faux palets de viande, vrais amas de gras, de peau, de soja et d'amidon, ont passé tous les contrôles. Ce sont les associations, tout en bout de chaîne, qui ont découvert l'escroquerie, presque par hasard[13].

10. Légalement, les produits alimentaires invendus peuvent être donnés aux associations d'aide alimentaire dès lors que la date limite de consommation (DLC) n'est pas dépassée, et qu'elle laisse un délai d'au moins quarante-huit heures aux associations pour les distribuer.

11. Franck Le Morvan, Thomas Wanecq, rap. cit., p. 35.

12. *Ibid.*, p. 33.

13. Cf. Frédéric Denhez, Alexis Jenni, *Ensemble pour mieux se nourrir. Enquête sur les projets solidaires et durables pour sortir de la précarité alimentaire*, Arles, Actes Sud, 2021, p. 51 et 78.

Mais pour l'Igas, la question de la qualité ne se limite pas aux cas de fraude ou à la pratique abusive de fourniture de denrées non consommables. Pour ce service rattaché au ministère des Affaires sociales, le problème est plus profond. Il a trait à la nature même des aliments proposés aux usagers, qu'ils proviennent des dons des grandes surfaces ou du FEAD : « [...] *les protéines animales sont surreprésentées, de même que les acides gras saturés et les sucres libres. À l'inverse, les fibres et certains acides gras essentiels, vitamines et minéraux sont en quantité insuffisante*[14]. » Une carence principalement due au manque de fruits et légumes, notamment frais. Les inspecteurs se montrent préoccupés par les effets possibles de ce défaut de qualité nutritionnelle sur la santé des personnes qui recourent essentiellement aux dons pour se nourrir. Ils précisent notamment que l'insuffisance en fer expose les femmes à un risque d'anémie, et que celle en acide folique augmente les « *risques cardiovasculaires, ainsi que de malformation fœtale en cas de grossesse*[15] ».

Leur inquiétude est légitime. En 2012, une enquête financée par les pouvoirs publics a relevé une prévalence de l'obésité chez les usagers de l'aide alimentaire, et particulièrement chez les femmes, avec un taux « *exceptionnellement élevé par rapport à la population générale (35 % vs 17 %)*[16] » et en constante augmentation. La même observation

14. Franck Le Morvan, Thomas Wanecq, rap. cit., p. 4.

15. *Ibid.*, p. 34.

16. Dorothée Grange, Catherine Vincelet, Sandrine Danet (coord.), « L'obésité chez les femmes recourant à l'aide alimentaire : aspects sociaux et problèmes de santé associés (Abena 2011-2012) », *Bulletin épidémiologique hebdomadaire*, n° 18-19, 17 juin 2014, p. 314.

a été faite pour l'hypertension artérielle ou le diabète. Les études qualitatives de l'enquête Fors-Recherche sociale constataient, au sujet de l'obésité, des prises de poids rapides et conséquentes, « *en particulier chez les femmes, qui accentuent fatigue et isolement, créant ou renforçant des situations de souffrance psychique*[17] ».

Dignité

Pour conclure leur liste des dysfonctionnements, les inspecteurs de l'Igas se penchent sur un sujet sensible : celui de l'accueil dans les lieux de distribution, soulignant « *le ressenti parfois très négatif*[18] » des personnes. Ils rapportent ainsi les confidences d'une association, qui désigne « *certaines situations comme pouvant être qualifiées de* "lieux de relégation sociale"[19] ». Soucieux de ne pas stigmatiser les bénévoles et de ne pas mettre en cause « *la bonne volonté des associations* », les auteurs pointent plutôt la précarité des conditions matérielles, notamment « *la difficulté de trouver des lieux suffisamment accessibles et d'une taille adaptée, par exemple pour permettre le choix entre plusieurs denrées d'un même type, au lieu d'un point unique de distribution de colis* »[20]. Ils observent aussi que « *Dans les centres les plus chargés et les moins bien logés, les personnes peuvent être amenées à attendre la distribution plusieurs heures à l'extérieur, s'exposant non seulement aux intempéries mais aussi au regard*

---

17. Benjamin Badia *et al.*, rap. cit., p. 57.
18. Franck Le Morvan, Thomas Wanecq, rap. cit., p. 38.
19. *Idem.*
20. *Idem.*

des tiers[21] ». Mais les inspecteurs ne s'attardent pas sur cette question du ressenti.

Pour d'autres observateurs, elle est pourtant primordiale. « *Comment se considère-t-on quand on ne peut plus faire autrement que d'aller au bureau d'aide sociale de sa commune pour savoir de quelle manière on pourrait... avoir à manger ? Quelle image peut-on avoir de soi-même quand le colis qu'on nous donne est composé d'invendus et de produits presque périmés, de plats préparés basiques et de conserves sans rapport avec les besoins quotidiens*[22] *?* » interrogent crûment l'ingénieur Frédéric Denhez et l'écrivain Alexis Jenni dans leur ouvrage *Ensemble pour mieux se nourrir*. « *Les personnes qui ont recours à l'aide alimentaire vivent une violence psychologique intense*[23] », répond Bénédicte Bonzi[24], docteure en anthropologie sociale, à partir d'observations qu'elle a pu faire lors d'une recherche-action menée entre 2014 et 2018 dans deux centres de distribution et lors de maraudes.

Une réalité largement observée, et qui explique en partie le non-recours à l'aide alimentaire de ménages qui pourraient pourtant y prétendre. Un avis du Conseil national de l'alimentation (CNA), rendu en octobre 2022, explique ainsi que « *telle que perçue par les personnes vivant la précarité alimentaire, l'aide alimentaire ne permet pas de garantir* [leur]

---

21. *Idem.*
22. Frédéric Denhez, Alexis Jenni, *op. cit.*, p. 20-21.
23. In Sophie Chapelle, « Distribuer de la mal-bouffe aux pauvres tout en défiscalisant : les dérives de l'aide alimentaire », bastamag.net, 8 septembre 2020.
24. Cf. Bénédicte Bonzi, « Faim de droits : le don à l'épreuve des violences alimentaires », thèse de doctorat en anthropologie sociale et ethnologie sous la direction de Birgit Müller, Paris, EHESS, juin 2019.

dignité[25] ». Et dans une récente enquête de l'Insee, on peut lire : « *La décision de recourir à l'aide alimentaire est souvent difficile. Les raisons évoquées sont principalement la gêne ou la honte* [...] [26]. » Honte d'être « assisté », de ne pas pouvoir s'en sortir par soi-même, honte d'être infantilisé, privé de son autonomie, honte enfin d'être identifié comme « pauvre ». Ce sentiment a toujours existé chez les usagers de l'aide alimentaire, « *particulièrement dans les villages où tout le monde se connaît*[27] », relate l'historienne Axelle Brodiez-Dolino. On peut le constater à travers les témoignages présents dans les archives. « *Mais à ces époques, notamment au* XIX*e siècle, les associations et les pouvoirs publics s'en fichaient*, précise cette spécialiste de l'histoire de la pauvreté. *Au contraire, c'était considéré comme un levier pour sortir de la pauvreté*[28]. »

Cette « pédagogie de la honte » a fait long feu. Aujourd'hui, la préoccupation de la dignité et de la non-stigmatisation des personnes en situation de précarité traverse largement le champ de l'action sociale, même si elle n'est pas toujours répercutée sur le terrain. Depuis la fin des années 1990, beaucoup d'acteurs caritatifs tentent d'améliorer leurs dispositifs, par exemple en remplaçant ou en complétant les distributions de colis par des épiceries sociales, où les adhérents peuvent choisir et parfois acheter – même à un prix symbolique – leurs produits.

---

25. CNA, « Prévenir et lutter contre la précarité alimentaire », avis n° 91, octobre 2022.
26. Aliocha Accardo, Agnès Brun, Thomas Lellouch, art. cit.
27. Entretien avec l'auteur, juin 2021.
28. *Idem*.

C'est le cas chez Episol, à Grenoble. Né en 2015, ce projet de boutique solidaire est le fruit d'une réflexion commune du diaconat protestant, du Secours Catholique, de l'association de réinsertion La Remise et du CCAS. Le public visé ? Les « *précaires intermédiaires* » : « *Des personnes qui ne sont pas assez démunies pour venir aux distributions de colis alimentaires, qui souvent travaillent, mais qui ont de plus en plus de mal à s'en sortir*[29] », expliquent les coordinateurs du lieu. Ancienne supérette Proxi, mitoyenne du bar-tabac Le Relax, au milieu des barres d'immeubles d'un quartier ni riche ni pauvre, Episol se fond dans le paysage. À l'intérieur, le rayonnage est soigné. Les décorations de Noël, joliment disposées, contribuent à la convivialité du lieu. Ici, on trouve de tout, même des produits étiquetés commerce équitable, *via* un partenariat avec le réseau associatif Artisans du monde, et des fruits et légumes bios fournis par des agriculteurs locaux.

Lauriane, 27 ans, déambule dans les rayons, un panier à la main. La jeune femme a quitté son poste de conseillère principale d'éducation en collège pour se réorienter vers le journalisme. Étudiante, seule avec un enfant à charge, elle traverse une période financièrement très difficile. « *Au début, ça m'a fait un peu bizarre de venir ici, mais c'est vite passé*, confie-t-elle. *L'esthétique du magasin et la qualité des produits jouent beaucoup*[30]. » Vu son niveau de revenus, Lauriane pourrait tout à fait se rendre « *aux distributions du Secours populaire ou des Restos du cœur* », tient-elle à préciser. « *Mais jamais je ne pourrais*, dit-elle, catégorique. *La misère est trop*

29. Entretien avec l'auteur, décembre 2015.
30. Entretien avec l'auteur, décembre 2015.

prégnante, c'est trop stigmatisant. » Ne pas créer un « entre-soi de gens en précarité » : le souci a été central dans la réflexion des fondateurs d'Episol. C'est pourquoi ils ont choisi d'ouvrir *« un lieu où n'importe qui peut entrer, acheter ce dont il a besoin et repartir »*. La tarification est adaptée en fonction des revenus. Sur chaque étiquette, trois prix : le prix normal et deux tarifs réduits. Ces tarifs, souvent à prix coûtant, sont possibles grâce aux financements des associations et aux subventions des collectivités territoriales. Les frais de la structure sont ainsi en grande partie absorbés. Pour bénéficier des prix réduits, il faut adhérer à l'association Episol en justifiant de son quotient familial. Chaque adhérent reçoit une carte de fidélité, et c'est le code-barre de cette carte qui détermine le tarif applicable. « *Il n'y a qu'à la caisse qu'ils savent combien on paye, et ils sont discrets*[31] », apprécie Aurélia, âgée d'une trentaine d'années. En recherche d'emploi, allocataire du revenu de solidarité active (RSA), elle habite le quartier et trouve que « *Le regard, ça compte* ». Malgré tous ces efforts jugés bienvenus, Lauriane confie qu'elle ne reviendra sûrement plus lorsqu'elle aura « *retrouvé une situation normale, ou alors, de temps en temps, pour payer au prix fort et soutenir l'initiative* ». Elle aura envie de tourner la page d'une période qu'elle vit difficilement. Car tant matériellement qu'en termes d'estime de soi, « *c'est dur* », glisse-t-elle.

Si les améliorations des dispositifs ont le mérite de rendre plus supportable l'usage de l'aide alimentaire, elles ne résolvent pas le problème de fond : celui d'une dignité mise à l'épreuve par la nécessité de recourir au don pour se nourrir,

31. Entretien avec l'auteur, décembre 2015.

quelle qu'en soit la forme. Hors situations d'urgence, c'est le principe même de l'aide alimentaire qui devrait être remis en cause, estiment nombre d'observateurs. D'autant plus que cette dernière n'apporte aucune solution pour des centaines de milliers de ménages « *qu'on ne voit ni dans les associations ni dans les centres communaux d'action sociale, soit parce qu'ils ne souhaitent pas dépendre d'une aide, soit parce qu'ils ne sont pas assez pauvres pour y être éligibles, et qui n'ont pas les moyens de bien se nourrir*[32] », souligne Sophie Hégé, en charge de la question d'un accès digne à l'alimentation au sein de l'association Pays Terre de Lorraine.

32. Entretien avec l'auteur, juin 2021.

Chapitre 4

Le *low cost*, zone grise de la précarité alimentaire

Jocelyne est capable de détailler son budget de mémoire, presque à l'euro près. En cumulant son RSA, les aides de la CAF et l'aide au logement, cette mère célibataire, qui vit au Havre avec ses deux fils de 9 et 3 ans, touche un revenu mensuel de 1 148 euros. Lorsqu'elle a payé ses frais fixes, cette aide à domicile de profession, au chômage depuis la naissance de son dernier enfant, a calculé qu'il lui restait à peine 20 euros par jour pour elle et ses deux fils. « *Je fais mes courses chez Aldi ou Lidl*, explique-t-elle. *Je prends la marque du magasin, même si ce n'est pas de la bonne qualité. Et parfois, quand je n'ai pas le choix, je prends la sous-marque*[1]. »

À l'autre extrémité de la France, au pied des Alpes, Sarah, étudiante boursière, a eu énormément de dépenses lorsqu'elle a emménagé dans son studio à Lyon pour suivre une formation d'éducatrice spécialisée : « *J'ai dû le meubler, régler les frais d'agence, les deux premiers mois de loyer. Ma mère, aide-soignante, ne pouvait pas m'aider*[2]. » Pour

1. Entretien avec l'auteur, septembre 2020.
2. Entretien avec l'auteur, décembre 2020.

compenser ces dépenses exceptionnelles, la jeune femme n'a mangé qu'un repas par jour, sans viande ni poisson, pendant plusieurs mois. « *Lorsqu'on doit tailler dans les dépenses, ce sont des choses dont on se prive, comme les fruits et les légumes*, explique Laurence, 57 ans, allocataire du RSA à Brest. *Car ça coûte cher. Et de plus en plus*[3]. » En constituant des paniers types, l'association Familles rurales a constaté qu'entre juin 2021 et juin 2022, le prix du panier de fruits, en agriculture conventionnelle, avait augmenté de 8 %, et celui du panier de légumes de 15 %[4]. Une inflation supérieure à celle de l'ensemble des prix de l'alimentation (5,7 %[5]) estimée par l'Insee sur la même période. Pour certains repas, Laurence avoue se contenter de tranches de pain de mie.

Lorsque les revenus sont trop bas, ou que le coût du logement, des transports ou de l'énergie augmente, lorsque l'on a déjà gratté partout où l'on pouvait, l'alimentation, comme le chauffage, est l'un des seuls postes budgétaires sur lesquels les personnes qui se retrouvent financièrement en difficulté ont une marge de manœuvre pour tenter d'équilibrer les comptes. Sans aller jusqu'à recourir à l'aide alimentaire, soit par manque d'information, soit par choix ou tout simplement parce qu'elles n'y ont pas droit du fait de leurs revenus, elles se résignent à sauter des repas et/ou à s'orienter vers des produits de moindre qualité. À cet égard, le CNA souligne que « *De nombreuses personnes pouvant prétendre à une aide alimentaire n'y font probablement pas appel, du fait, en particulier, de*

---

3. Entretien avec l'auteur, juillet 2021.
4. Familles rurales, « Observatoire des prix des fruits et légumes 2022 », famillesrurales.org, juillet 2022.
5. Insee, « En juin 2022, les prix à la consommation augmentent de 5,8 % sur un an », insee.fr, juin 2022.

l'importance des démarches préalables, de la crainte d'une stigmatisation, de la crainte d'une perte d'autonomie dans la maîtrise de leur alimentation, ou encore d'un éloignement géographique des structures pourvoyant de l'aide[6] ».

Difficile d'avoir des données précises et complètes sur ces ménages qui passent sous les radars des associations caritatives. « *Puisque les politiques dites "de lutte contre la précarité alimentaire" s'appuient sur le système actuel d'aide alimentaire* [...], *il est courant de considérer que les personnes en situation de précarité alimentaire sont celles qui ont recours à l'aide alimentaire*[7] », explique un groupe de chercheurs spécialistes du sujet, dans un rapport rédigé pour le think-tank de gauche Terra Nova. Aujourd'hui, le recours à l'aide alimentaire est encore la principale référence sur laquelle se basent les autorités pour tenter d'évaluer cette forme de pauvreté.

Depuis la fin des années 2000, de rares études permettent néanmoins d'avoir un aperçu en France du phénomène d'insécurité alimentaire, c'est-à-dire de l'absence ou la difficulté pour les personnes d'avoir « *un accès physique et économique à une nourriture suffisante, saine et nutritive leur permettant de satisfaire leurs besoins énergétiques et leurs préférences alimentaires pour mener une vie saine et active*[8] ». Les travaux les plus récents sont l'étude Individuelle nationale sur les consommations

---

6. CNA, « Aide alimentaire et accès à l'alimentation des populations démunies en France », avis n° 72, mars 2012.

7. France Caillavet, Nicole Darmon, Christophe Dubois, Catherine Gomy, Doudja Kabeche, Dominique Paturel, Marlène Perignon (Terra Nova), « Vers une sécurité alimentaire durable : enjeux, initiatives et principes directeurs », tnova.fr, novembre 2021, p. 16.

8. Définition de la sécurité alimentaire issue du plan d'action du Sommet mondial de l'alimentation, fao.org, 1996.

alimentaires (dite Inca 3), réalisée en 2014-2015 par l'Anses[9], et le baromètre Ipsos-Secours populaire paru en novembre 2022. L'étude Inca 3 évaluait à 8 millions le nombre de personnes en France en situation d'insécurité alimentaire au milieu des années 2010. Un chiffre bien supérieur à celui des personnes qui recouraient, à la même époque, à l'aide alimentaire (4,8 millions[10], selon l'estimation la plus haute). Ce constat est confirmé encore aujourd'hui par le baromètre du Secours populaire. En effet, parmi les personnes interrogées dans le cadre de cette récente étude, 5 % avaient fait appel, lors des six derniers mois, à une association pour avoir de la nourriture ou des vêtements. Alors qu'elles étaient deux fois plus à avoir, sur la même période, sauté au moins un repas, bien qu'elles eussent faim, et encore davantage (12 %) à ne pas avoir pu donner à leurs enfants « *une alimentation suffisamment variée (fruits, légumes, protéines…)* ». Dans le même baromètre, réalisé en 2021, plus d'une personne sur dix avait répondu « *Oui, beaucoup* » à la question : « *Rencontrez-vous des difficultés financières pour vous procurer une alimentation saine vous permettant de faire trois repas par jour ?* »

Ce sondage annuel coréalisé par l'institut Ipsos pour le Secours populaire donne aussi de précieux éléments de compréhension sur les raisons de ces difficultés.

En 2022, plus d'un quart des personnes sondées racontent que leur pouvoir d'achat a fortement diminué depuis trois ans. Dans leur grande majorité, elles attribuent cette baisse,

---

9. L'Anses réalise tous les sept ans cette étude Inca, sous l'égide des ministères de la Santé et de l'Agriculture.

10. CNLE, « Les chiffres clés de la pauvreté et de l'exclusion sociale, édition 2016 », cnle.gouv.fr, 17 octobre 2016.

non pas à une perte de revenus, mais aux « *prix* [qui] *ont augmenté (chauffage, carburant, autre, loyer...)* ».

Repérer les ménages en difficulté

Qui sont ces ménages ? C'est là que les données manquent. Or, « *la base pour lutter contre la précarité alimentaire*, estime Magali Ramel, juriste spécialisée sur la question du droit à l'alimentation, *c'est de savoir qui sont les personnes, où elles sont, quels sont leurs besoins, leurs attentes, et, en fonction, quelles actions déployer pour y répondre*[11] ». C'est tout l'enjeu. Car aujourd'hui, estime Axelle Brodiez-Dolino, « *pour tout ce pan de la population qui n'arrive pas à bien se nourrir, mais qui est invisible car hors circuit de l'aide alimentaire, on n'apporte aucune réponse à leurs besoins*[12] ».

Comment les repérer ? Quels indicateurs utiliser ? Ce sont les questions sur lesquelles se penche depuis quelques mois Magali Ramel. « *Le principe est de croiser de multiples données publiques, dont peu sont en corrélation exacte avec l'insécurité alimentaire, mais qui prises ensemble permettent de s'en approcher* », précise-t-elle. Elle cite ainsi le niveau de vie des ménages (« *les familles avec de faibles ressources sont plus enclines à avoir des difficultés liées à l'alimentation* »), le profil socio-économique (« *personnes sans papiers, familles monoparentales, etc.* »), l'état de santé pouvant être lié à la malnutrition (« *notamment l'obésité* »), l'environnement alimentaire (« *les magasins à proximité* »), et enfin la satisfaction et le sentiment de bien-être ou non des personnes par

11. Entretien avec l'auteur, octobre 2022.
12. Entretien avec l'auteur, juin 2021.

rapport à ce qu'elles mangent. Ces cinq points d'attention peuvent, selon Magali Ramel et les personnes qui ont travaillé avec elle sur ce sujet, permettre de penser la précarité alimentaire et de chercher les ménages touchés par cette forme de pauvreté sur un territoire.

Dans la métropole montpelliéraine, Simon Vonthron, chercheur à l'Inrae, a pour sa part développé une approche qu'il décrit comme « *spatiale* » : « *On n'identifie pas des ménages à l'échelle individuelle, mais on va plutôt repérer des secteurs – des quartiers ou des communes –, qui concentrent des populations susceptibles d'être en précarité alimentaire*[13]. » Et ces secteurs ne sont pas toujours ceux que l'on croit. « *En milieu urbain, par exemple, on va penser automatiquement aux quartiers prioritaires de la politique de la ville*, constate le chercheur. *Or, il y a souvent, dans ces quartiers, des supérettes ou des marchés hebdomadaires qui permettent au moins d'accéder à des fruits et légumes.* » En revanche, lorsqu'on va regarder ailleurs, poursuit-il, « *on se rend compte qu'il y a des endroits qui sont éloignés de tout type de commerce vendant des fruits et légumes, qui sont par contre très proches de fast-food, et où vit une forte population étudiante. Or, on sait que les étudiants sont rarement véhiculés et vont donc souvent aller au plus près pour s'alimenter* ».

De même, en milieu rural, constate Simon Vonthron, « *il y a un peu cette idée, de la part des élus, que puisqu'on est à la campagne et que les gens se connaissent, si certains ont besoin d'aide, ils n'hésiteront pas à solliciter la mairie pour avoir des bons du CCAS. Ils en déduisent que si personne ne se manifeste, c'est que tout va bien* ». Au contraire, observe le chercheur,

13. *Idem.*

cette forte interconnaissance peut être un frein à la demande d'aide. Et les territoires ruraux ne sont pas épargnés par l'insécurité alimentaire, « *justement parce qu'il y a peu de commerces et peu de transports en commun*, explique-t-il. *Et que certaines zones concentrent un taux relativement élevé de population qui n'a pas de voiture, qui n'a pas de diplôme et est donc susceptible d'être au chômage, en emploi précaire ou touchant une petite retraite...* »

L'offre *low cost*

Comment se nourrissent les ménages en situation d'insécurité alimentaire en dehors des circuits classiques d'aide ? Les chercheurs de l'enquête Fors-Recherche sociale ont recueilli des éléments de réponse lors d'entretiens menés auprès d'un petit échantillon de personnes, mêlant usagers et non usagers de l'aide alimentaire, qui rencontraient à l'époque des difficultés pour se nourrir correctement. Ils ont ainsi listé quatre principaux « *leviers de gestion de la contrainte alimentaire*[14] ». D'abord, l'inscription des enfants à la cantine scolaire est quasi systématique parmi les ménages interrogés. C'est la garantie pour les parents que leurs enfants mangeront au moins une fois dans la journée, et quatre ou cinq fois par semaine, un repas complet et équilibré. Ensuite, certains reçoivent de l'aide de la part d'amis ou de parents qui les approvisionnent régulièrement ou les dépannent de temps en temps. Ce soutien du cercle proche peut se traduire par un sac de courses rapporté d'une virée au supermarché, un plat cuisiné déposé à l'occasion, quelques

14. Benjamin Badia *et al.*, rap. cit, p. 86.

grammes de viande pris en plus à la boucherie, etc. C'est parfois, pour ces ménages, l'opportunité de se procurer des fruits et légumes qu'ils n'auraient pas les moyens d'acheter. « *J'ai de la chance*[15] », admet l'un d'eux, cité dans le rapport. Ce père divorcé, qui alterne chômage et intérim pour un revenu mensuel moyen d'environ 600 euros, ne recourt pas à l'aide alimentaire mais profite du potager de ses parents. Ces derniers lui préparent des paniers une à deux fois par mois. « *Cela me permet de faire des économies, et puis surtout je mange des produits frais*[16] », dit-il. Pour se fournir en fruits et légumes, d'autres se rendent sur les marchés, au moment où les commerçants commencent à remballer leurs étals. « *On récupère pour moins cher des cageots que les vendeurs considèrent comme un peu abîmés*[17] », témoigne ainsi un couple de quinquagénaires. Elle est sans emploi et lui en arrêt maladie depuis deux ans. Eux non plus ne fréquentent pas les associations caritatives. Pour le reste, ils vont faire les courses « *au discount (Netto, Aldi, Lidl) deux fois par mois*[18] ». Comme cette femme de 35 ans, également citée dans l'enquête, allocataire du RSA devenue veuve avec deux enfants à charge, pour qui « *Les courses, c'est dans les magasins les moins chers avec les produits les moins chers*[19] ». Ou cette autre mère seule qui travaille à mi-temps et qui s'est résignée à toujours acheter « *la même chose : pâtes et riz... à 1 euro le paquet, on prend la marque du supermarché*[20] ».

---

15. *Ibid.*, p. 89.
16. *Idem.*
17. *Idem.*
18. *Idem.*
19. *Ibid.*, p. 86.
20. *Idem.*

L'offre discount dans les rayons des supermarchés est le quatrième et principal levier listé par les auteurs du rapport.

Poussée dans les années 1980 par la mondialisation, mais aussi par la montée du chômage, de l'emploi précaire et des loyers, « *cette offre est typiquement une réponse en temps de crise* », observe Axelle Brodiez-Dolino. C'est ce qu'on peut lire dans un article du *Bulletin de l'Association des géographes français* paru en 1993 qui rend compte d'un phénomène alors assez récent : « *Encore presque inconnus dans l'Hexagone, à la fin des années 1980, si l'on exempte ED l'épicier* [créé par Carrefour en 1979], *les "hard discounters"* [...] *prolifèrent d'une façon fulgurante sur notre territoire, principalement dans le Nord et dans l'Est* [...], *sans doute dopés par l'érosion de la consommation, la progression du chômage et la montée de la pauvreté*[21]. » Le mouvement vient d'outre-Rhin, avec l'ouverture, en 1988, par l'enseigne allemande Aldi, d'un premier magasin à Croix, près de Lille. Ces commerçants d'un genre nouveau jouent sur plusieurs tableaux pour proposer des « prix défiant toute concurrence » : des petites surfaces de vente (entrepôt de moins de 1 000 mètres carrés), des produits présentés dans des cartons ou sur des palettes, un assortiment restreint (moins de six cents références) et de très gros volumes d'achat. Leur succès incite les groupes français à créer leurs propres enseignes (Leader Price, Le Mutant, CDM, Dia, Europa Discount). Profitant de la faible progression du pouvoir d'achat, et situés dans les centres-villes ou les quartiers d'habitat collectif, proposant ainsi une offre de proximité, ces magasins discount vont

---

21. Marie-Claude Anquez, « L'offensive des hard-discounts en France », *Bulletin de l'Association des géographes français*, 1993.

attirer de plus en plus de clients. En douze ans, leur part dans la consommation des ménages a ainsi été multipliée par quatre (3,5 % en 1993 contre 13,3 % en 2005[22]). Face à cette concurrence, les hypermarchés décident au milieu des années 2000 de répondre par des gammes de premiers prix encore plus compétitives (« Eco + » chez Leclerc, « Pouce » chez Auchan, ou « Produits n° 1 » chez Carrefour), et par une baisse généralisée des prix[23].

La qualité des premiers prix

Cette guerre des prix n'est pas sans incidence sur la qualité de l'offre. Pour Pierre-Antoine Dessaux, historien de l'alimentation, certains produits transformés *low cost* illustrent à l'extrême la logique « *non plus de transformation de produits agricoles, mais de conception de produits alimentaires*[24] », à l'œuvre depuis les années 1980. « *On baisse le prix de revient et donc on remplace la matière première usuelle par des ersatz ou des sous-produits moins onéreux.* »

Dans une étude réalisée en 2013[25], l'association de consommateurs UFC-Que choisir a testé des dizaines de produits alimentaires de consommation courante vendus à bas prix. Des produits de magasins hard-discount, ou des premiers prix vendus dans les hypermarchés. Parmi eux, des

22. Jean-Claude Daumas, « Consommation de masse et grande distribution. Une révolution permanente (1957-2005) », *Vingtième Siècle. Revue d'histoire*, n° 91, 2006, p. 70.

23. *Idem*.

24. Entretien avec l'auteur, octobre 2022.

25. « Test de produits. Une qualité en demi-teinte », *Que Choisir Mensuel*, n° 515, juin 2013, p. 32.

couscous en boîte dont les rares morceaux de viande (10 à 14 % du plat est reconstitué avec de la semoule réhydratée) sont du bœuf traité en salaison (additionné d'eau, d'amidon et de stabilisants), des bouts de peau de poulet, des débris d'os et de cartilage, et des boulettes à base de viande séparée mécaniquement, c'est-à-dire raclée sur les os. « *Ces produits d'entrée de gamme, base du hard discount, permettent d'optimiser le système agro-industriel car ils fournissent des débouchés supplémentaires aux produits de l'agriculture et de l'élevage en permettant à l'industrie de valoriser monétairement des éléments alimentaires comme les parties ligneuses des végétaux ou les graisses et les os des animaux, qui sinon seraient des déchets. C'est une logique qui a d'abord été appliquée à l'alimentation animale* », observe Pierre-Antoine Dessaux.

En scrutant l'emballage des cordons-bleus premiers prix, deux fois moins cher que ceux des marques nationales, l'UFC-Que choisir souligne, dans son étude, la forte présence d'additifs, conservateurs, stabilisants, gélifiants, sel de fonte pour le fromage, sans compter les arômes ajoutés par certains fabricants. La concentration de ces marqueurs d'ultratransformation n'est pas l'apanage des produits à bas prix, mais on les y retrouve souvent de manière plus conséquente. « *Ce n'est pas le cas pour tous les types de denrées*, tient à préciser Aris Christodoulou, président du cabinet Siga, qui a réalisé une étude comparative sur des milliers d'aliments affichés petits prix et leurs équivalents vendus plus cher. *Néanmoins, c'est très fort pour des produits comme les plats préparés (hors plats végétariens) ou la charcuterie*[26]. »

26. Entretien avec l'auteur, novembre 2022.

Malgré tout, l'alimentation discount trouve preneur. Et de plus en plus, si l'on en croit la bonne santé du secteur, en France, depuis le début de la crise du Covid. Entre mars 2020 et mars 2021, les chiffres d'affaires des spécialistes du genre ont bondi. Celui de Lidl a ainsi progressé de plus de 16 %[27], soit une hausse deux fois plus forte que celle du marché des produits alimentaires et de grande consommation sur la même période. Cette croissance s'est confirmée dans les mois qui ont suivi, si bien qu'en janvier 2022 l'enseigne allemande représentait, avec son homologue Aldi, 10 %[28] du marché alimentaire français. De son côté, Carrefour développe Supeco, son enseigne discount créée en Espagne en 2012 avant d'être exportée en Roumanie, en Pologne et désormais en France, et un nouveau venu russe, l'enseigne Mere, devait même s'implanter en Moselle avant de devoir revoir ses plans en raison de la guerre en Ukraine[29].

Certains spécialistes de la grande distribution évoquent un engouement, ces dernières années, des consommateurs pour certaines de ces enseignes qui auraient réussi à casser leur image de « magasin du pauvre » en diversifiant leur offre et en faisant un effort de marketing. Néanmoins la récente hausse de fréquentation des commerces discount est principalement due à la baisse de pouvoir d'achat d'une partie des Français. Observant ces évolutions, Olivier De Schutter, rapporteur spécial des Nations unies sur l'extrême pauvreté et les Droits de l'homme, regrette *« un système agroalimen-*

---

27. Nadine Bayle, « Avec la crise sanitaire, le retour en grâce des enseignes discount auprès des consommateurs », *Le Monde*, 2 mai 2021.
28. Morgan Leclerc, « Lidl, Aldi, Netto... Sept questions sur le succès du discount alimentaire », lsa-conso.fr, 26 février 2022.
29. *Idem*.

taire devenu très dual[30] ». Pour ce spécialiste des questions de pauvreté et d'alimentation, la fréquentation en hausse de l'aide alimentaire et la part croissante sur le marché de grande consommation d'une offre *low cost* est à mettre en regard avec la multiplication, depuis vingt ans, des circuits alternatifs de production et de vente qui proposent une alimentation de meilleure qualité (bio, locale, etc.) mais qui ne sont accessibles qu'aux ménages ayant un certain revenu. Face à ces inégalités croissantes, l'universitaire belge met en cause les choix des gouvernements. Il estime en effet que, trop souvent, l'aide alimentaire et l'alimentation discount servent de substitut à des politiques sociales plus généreuses.

30. Entretien avec l'auteur, septembre 2021.

Chapitre 5

De la difficulté de penser la lutte contre la précarité alimentaire autrement que par l'aide alimentaire

Gare à celui qui s'attaque à l'aide alimentaire. Quand Terra Nova a osé mettre en cause sa pertinence, les responsables des Restos du cœur n'ont pas tardé à répliquer : « *Loin de nous l'idée de nier les insuffisances ou les faiblesses de l'aide alimentaire que nous vivons au quotidien* [...]. *Mais l'existence de ces faiblesses, réelles, ne justifie pas l'expression d'affirmations peu nuancées, caricaturales ou même totalement fausses*[1]. » C'était en 2021, le think-tank soulignait, dans un rapport cité plus haut dans cet ouvrage, les limites du système d'aide alimentaire pour lutter efficacement contre l'insécurité alimentaire en France[2]. Et les Restos du cœur, comme la FFBA qui a également tenu à répondre, ont été

1. « Réaction des Restos du cœur », in Terra Nova, « Réactions au rapport "Vers une sécurité alimentaire durable : enjeux, initiatives et principes directeurs" », tnova.fr, 2 février 2022.
2. France Caillavet *et al.*, rap. cit.

piqués au vif par ce qu'ils semblent avoir vécu comme une attaque en règle. Face à ces réactions, les auteurs du rapport de Terra Nova ont souhaité clarifier leur position en apportant eux-mêmes une réponse aux remontrances des acteurs caritatifs. « *Ce rapport fait état de la situation et n'apporte aucun jugement quant au travail considérable effectué par les bénévoles et les salariés des associations d'aide alimentaire*[3] », écrivent-ils. Ils assurent que le but de leur démarche n'est pas de taper « *sur des dispositifs en particulier* », mais « *d'ouvrir une réflexion plus large à l'ensemble de la société* [...] *et construire les bases d'un débat constructif* »[4]. Et de proposer, en conclusion, à leurs interlocuteurs : « *Pourquoi ne pas tenter de repenser ensemble les rôles de chacun dans la construction d'une sécurité alimentaire durable*[5] *?* »

Ces échanges à fleurets mouchetés montrent bien à quel point le sujet de l'aide alimentaire est sensible. Car critiquer son principe, aujourd'hui, n'est pas chose aisée. D'abord parce que cela revient à s'attaquer à un édifice construit depuis plus de trente ans et qui présente plusieurs intérêts, dont celui pour les dirigeants politiques de pouvoir déléguer au secteur associatif, en finançant ce dernier, la gestion du problème épineux de l'insécurité alimentaire. Aussi parce que le critiquer, c'est « abîmer » un système perçu par ses acteurs et par une majorité de l'opinion publique comme vertueux car contribuant également à la lutte contre le gaspillage, et constituant pour les personnes en précarité une première étape vers un accompagnement social. Enfin

---

3. « Réponse des auteurs du rapport aux associations », in Terra Nova, art. cit.
4. *Idem.*
5. *Idem.*

parce que la critique peut s'apparenter à un jet d'opprobre sur l'engagement de milliers de bénévoles et salariés qui œuvrent au quotidien pour fournir cette aide.

La remise en cause de l'aide alimentaire est d'autant plus compliquée qu'elle semble contraire au bon sens dans l'esprit d'une large part de la population. « *Questionner le fait de distribuer à manger à des gens qui n'ont pas de quoi se nourrir est totalement contre-intuitif*[6] », convient Marie Drique, du Secours Catholique. Pour Frédéric Denhez et Alexis Jenny, auteurs de l'ouvrage *Ensemble pour mieux se nourrir* : « *Penser que les pauvres doivent se contenter du bas de gamme, voire de produits qui ne font même pas partie du circuit commercial habituel, est une représentation bien ancrée, si spontanée qu'on ne l'interroge même pas*[7]. » Jean-Noël Retière et Jean-Pierre Le Crom y voient le signe d'une croyance « *en une dualisation de la société* » qui s'est forgée au milieu des années 1980, nourrie par les images de « *foules de nécessiteux accueillies aux guichets alimentaires dans un contexte de promotion des politiques dites d'insertion sociale et professionnelle et de stigmatisation de l'assistanat* »[8]. La pauvreté est ainsi perçue dans l'imaginaire collectif comme une verrue sur un corps sain, une anomalie dans un système fonctionnel liée à la responsabilité des individus. Il n'est alors pas choquant que, dans ce « monde à part », les règles ne soient pas les mêmes.

Cette croyance s'est fortement illustrée lors du « scandale de la viande de cheval », en 2013. Tandis que les grandes

6. Entretien avec l'auteur, juin 2021.

7. Frédéric Denhez, Alexis Jenni, *op. cit.*, p. 51.

8. Jean-Noël Retière, Jean-Pierre Le Crom, *op. cit.*, p. 273.

surfaces s'empressaient de retirer de leurs rayons des tonnes de barquettes de lasagnes, après qu'il avait été révélé qu'elles contenaient de la viande de cheval et non de bœuf, le ministre de la Consommation de l'époque, Benoît Hamon, communiquait abondamment pour faire savoir que ces produits ne seraient pas perdus... Les associations pourraient les récupérer pour les redistribuer à leurs « bénéficiaires ». Le refus catégorique de certaines d'entre elles, dont le Secours Catholique et la Croix-Rouge, a alors choqué une grande partie des Français. De son côté, la Fédération nationale des associations de réinsertion sociale (Fnars, aujourd'hui Fas) se désolait au contraire qu'« *avec cette proposition, le gouvernement véhicule l'image d'une catégorie de population de seconde zone*[9] ».

Malgré tout, « *Ça bouge !* »

Comment, dans ces conditions, amener les dirigeants politiques et l'opinion publique à imaginer la lutte contre l'insécurité alimentaire autrement que par la simple aide alimentaire ? La tâche semble ardue... Mais pas impossible. Car des évolutions sont perceptibles. Depuis 2018 et la loi Egalim[10], le Code de l'action sociale et des familles précise en son article L. 266-1 que « *la lutte contre la précarité alimentaire doit favoriser l'accès à une alimentation sûre, diversifiée, de bonne qualité et en quantité suffisante aux personnes en*

9. Communiqué de mars 2013.
10. Loi nº 2018-938 du 30 octobre 2018 pour l'équilibre des relations commerciales dans le secteur agricole et une alimentation saine, durable et accessible à tous.

situation de vulnérabilité économique ou sociale ». Et dans son plan d'action lancé le 8 juillet 2021, le gouvernement a estimé qu'« *il convient de garantir la disponibilité d'une offre alimentaire de qualité (au sein et hors de l'aide alimentaire) et des dispositifs favorisant l'autonomie*[11] ».

« *Il y a de vraies avancées* », commente Marie Drique. Néanmoins, « *il faut distinguer la loi ou les déclarations d'intention, de la mise en œuvre concrète par une politique publique et des moyens* », tempère-t-elle. Il est vrai qu'en octobre 1986, le programme précarité-pauvreté lancé par le gouvernement de Jacques Chirac se donnait pour objectif de « *fournir aux personnes totalement démunies de ressources la possibilité de subvenir elles-mêmes, par leurs propres efforts, aux besoins élémentaires de l'existence*[12] », tout en posant les bases du système actuel d'aide alimentaire. Il est vrai également qu'aujourd'hui, le soutien à l'aide alimentaire reste le principal outil politique imaginé pour lutter contre la précarité alimentaire. En témoigne l'affirmation par le gouvernement, en novembre 2020, que « *la France lutte contre la précarité alimentaire en permettant à des associations nationalement habilitées de distribuer des denrées aux plus démunis*[13] ». Magali

---

11. Ministère des Solidarités et de la Santé, « Plan d'action pour la transformation de l'aide alimentaire et de la lutte contre la précarité alimentaire », sante.gouv.fr, juillet 2021.

12. Ministère des Affaires sociales et de l'Emploi, circulaire ministérielle nº 86/23, 29 octobre 1986.

13. Gouvernement français, Programme opérationnel national Fonds social européen + « Marchés centralisés d'achat de denrées » consacré à l'objectif spécifique 11 « lutter contre la privation matérielle : apporter aux personnes les plus démunies une aide alimentaire assortie de mesures d'accompagnement, version 2 du 17 novembre 2020, soumise à consultation publique, (sante.gouv.fr).

Ramel a également pu le constater à travers les mots du ministre des Solidarités et de la Santé lors du lancement du plan d'action du Comité national de coordination de la lutte contre la précarité alimentaire, à l'été 2021[14]. « *La teneur de son discours tendait à requalifier l'ambition de ce plan en une simple amélioration et modernisation de l'aide alimentaire dispensée par les associations*[15] », observe-t-elle. Mais cette chercheuse militante ne désespère pas. Car malgré tout, « *ça bouge !* » affirme-t-elle.

« *La crise a secoué les esprits* »

Pour Magali Ramel, l'introduction dans une définition distincte de celle de l'aide alimentaire de la notion de lutte contre la précarité alimentaire dans le Code de l'action sociale et des familles en 2018 (*via* la loi Egalim) est loin d'être anodine : « *Ça montre une vraie évolution dans l'approche. Et ça permet d'avoir une base pour avancer.* » Elle précise par ailleurs que c'est la DGCS, un organe gouvernemental, qui a poussé pour que cette notion soit inscrite dans la loi.

La juriste évoque également l'avis du CNA « Prévenir et lutter contre la précarité alimentaire[16] », rendu en octobre 2022, dont elle a coordonné les travaux. Cette instance consultative indépendante, placée auprès des ministres

14. Ministère des Solidarités, de l'Autonomie et des Personnes handicapées, « Lancement du plan d'action de transformation de l'aide alimentaire et de la lutte contre la précarité alimentaire par Olivier Véran », solidarites.gouv.fr, 8 juillet 2021.

15. Entretien avec l'auteur, octobre 2022.

16. CNA, « Prévenir et lutter contre la précarité alimentaire », avis cité.

chargés de l'Environnement, de la Santé, de la Consommation et de l'Agriculture, avait réuni pour l'occasion des représentants de l'ensemble des acteurs du système alimentaire : producteurs agricoles, transformateurs et artisans, distributeurs, restaurateurs, associations de consommateurs et d'aide alimentaire, experts, etc. « *Il y a eu un important dispositif de participation citoyenne, avec soixante-sept débats locaux, y compris dans l'Outre-mer, et un panel de citoyens tirés au sort dont la moitié étaient en situation de précarité*[17]. » Dans cet avis du CNA, la critique de l'aide alimentaire par les citoyens participants aux travaux est sévère. Ces derniers mettent en exergue « *sa dimension principalement palliative qui ne permet pas de s'attaquer à la racine du problème, et qui laisse les personnes en situation de dépendance ou tout du moins ne favorise pas leur autonomie* ». Cet avis « *a été rédigé par un groupe de concertation rassemblant l'ensemble des acteurs du système alimentaire et il a été adopté par le groupe plénier du CNA* », souligne Magali Ramel. Autant de signes qui, selon elle, montrent que, depuis quelques années, les lignes bougent.

Surtout, la chercheuse constate une montée en puissance et une politisation du sujet depuis la crise du Covid. À la présidentielle de 2022, presque tous les candidats se sont emparés de la question[18], « *alors que jusqu'à récemment ce sujet était très peu abordé, pas même par le CNLE* », rappelle-t-elle.

17. Entretien avec l'auteur, octobre 2022.

18. Cf. Pauline Moullot, Juliette Delage, Kim Hullot-Guiot, « La précarité alimentaire, un sujet à mettre sur la table de la présidentielle », *Libération*, 25 février 2022.

Cet intérêt croissant des politiques pour la précarité alimentaire, Yuna Chiffoleau, ingénieure spécialiste des circuits courts à l'Inrae, dans l'Hérault, le constate au niveau local : « *La crise a secoué les esprits*[19]. » Cela se traduit par une orientation croissante des financements des collectivités territoriales vers l'accès à une alimentation locale et durable, soit par le biais de la restauration collective, soit à travers le soutien d'initiatives de solidarité alimentaire.

S'il y a encore un prisme très fort de l'action caritative dans les discours comme dans les initiatives, la question de la précarité alimentaire est néanmoins présente dans le débat public et la manière de l'envisager s'élargit peu à peu. Magali Ramel en est convaincue, « *la période est propice au changement* ».

Arrêter de penser le problème de la précarité alimentaire uniquement comme celui d'un ventre vide à remplir, réfléchir davantage à comment assurer à chacun la possibilité de consommer une nourriture choisie, saine et durable : ce changement de paradigme semble indispensable si l'on veut apporter des réponses à la hauteur des enjeux, à la fois de santé publique et de justice sociale, que recouvre cette problématique.

---

19. Entretien avec l'auteur, novembre 2022.

Chapitre 6

Les précaires, premières victimes de la malbouffe

Trente kilos, c'est le poids qu'a perdu Julien ces deux dernières années. Après le confinement du printemps 2020, cet inspecteur qualité dans la métallurgie, père de trois enfants, a postulé auprès de la mairie de Grande-Synthe, dans le Nord, pour obtenir une parcelle de culture maraîchère dans un jardin collectif. L'occasion de se dépenser avec ses enfants, et surtout de manger des légumes frais. Les effets ont été radicaux. « *C'était nécessaire*, confie-t-il. *Je pesais 115 kilos pour 1,77 mètre. Avec un indice de masse corporelle* [(IMC)] *qui frisait les 40, j'étais considéré comme obèse*[1]. » Il a vu, en dix ans, l'aiguille pencher de plus en plus à droite lorsqu'il montait sur la balance. Les raisons de cette prise de poids sont diverses, par-delà le manque d'activité physique : « *Je suis un bon vivant, j'aime manger. Et je suis également une bonne cible marketing.* » Le manque de temps, l'envie de faire plaisir aux enfants, la perte de

1. Entretien avec l'auteur, novembre 2022.

revenus aussi, lors des périodes de chômage qui durent parfois, forgent les habitudes de consommation : « *Le repas type à la maison, c'était souvent pâtes et steaks hachés. Sinon, c'était plutôt des plats préparés, chargés en sel et en sucre. Parfois du fast-food. Et, de temps en temps, des légumes en boîte.* » Le surpoids accumulé au fil des ans préoccupait ce presque quarantenaire. « *Je me disais : "Si je veux voir grandir mes enfants, il faut que je fasse quelque chose à ce niveau-là."* »

Selon l'Organisation mondiale de la santé (OMS), un IMC élevé est un important facteur de risque de maladies cardiovasculaires ou de certains cancers, notamment ceux de la prostate, du foie, du rein et du côlon. Plus globalement, des études de l'Institut national de la santé et de la recherche médicale (Inserm), parues ces dernières décennies, ont établi qu'il y avait un lien entre une mauvaise alimentation et le développement de maladies chroniques[2]. L'obésité fait partie de ces dernières, comme les maladies cardiovasculaires ou plusieurs types de cancers, mais également le diabète, qui touchait plus de 3,5 millions[3] de personnes en France en 2020, ou encore l'ostéoporose[4]. « *Ces pathologies liées à l'alimentation* [...] *représentent 80 % des causes de décès prématurés par maladies non transmissibles*, soulignent les auteurs d'un rapport du Sénat. [Elles sont] *aussi une cause majeure de*

---

2. Cf. « Nutrition et santé. La santé passe par l'assiette et l'activité physique », inserm.fr, 13 juillet 2017.
3. Santé publique France, « Le diabète en France : les chiffres 2020 », santepubliquefrance.fr, 10 novembre 2021.
4. L'ostéoporose est une maladie osseuse qui fragilise les os, augmentant par conséquent le risque de fracture (du col du fémur, du poignet, des vertèbres, etc.).

dégradation de la qualité de vie et de vieillissement en mauvaise santé, le tout avec des coûts considérables pour le système de santé[5]. »

Sur ce dernier point, une étude internationale[6] publiée en 2017 par l'Observatoire européen des politiques et des systèmes de santé, estimait, par exemple, que les soins de santé liés à l'incidence du diabète et à ses complications, attribuables à une mauvaise alimentation et à une faible activité physique, coûteraient près de 90 millions d'euros en France, en 2020.

Facteurs de risque

Les facteurs nutritionnels qui augmentent le risque de développer une pathologie sont connus : l'excès de gras, de sucre, de sel, de calories, l'insuffisance de fibres, etc. Depuis quelques années, d'autres facteurs suscitent des inquiétudes au sein de la population et une attention accrue des chercheurs comme des autoritaires sanitaires : l'utilisation de pesticides de synthèse par les agriculteurs, dont la présence résiduelle sur les produits consommés pourrait perturber le métabolisme et le recours massif aux additifs dans l'alimentation ultra-transformée. Plus de 300 colorants, conservateurs, antioxydants, agents de texture (émulsifiants,

---

5. Françoise Cartron, Jean-Luc Fichet, « Vers une alimentation durable : un enjeu sanitaire, social, territorial et environnemental majeur pour la France », rapport d'information n° 476, 28 mai 2020, p. 55.

6. Christine Joy Candari, Jonathan Cylus, Ellen Nolte, « Assessing the Economic Costs of Unhealthy Diets and Low Physical Activity: An Evidence Review and Proposed Framework », Copenhague, European Observatory on Health Systems and Policies, 2017.

amidons modifiés), exhausteurs de goût et autres édulcorants sont effectivement autorisés sur le marché européen, et les consommateurs les ingèrent quotidiennement par dizaines. Or, plusieurs études expérimentales, animales ou *in vitro* parues ces dernières années suggèrent des incidences néfastes de ces additifs pour la santé, cancérigènes ou perturbateurs endocriniens.

Pour Anthony Fardet, ingénieur agroalimentaire et docteur en nutrition humaine, le problème que pose l'alimentation ultra-transformée va plus loin. En modifiant le goût, la couleur, l'arôme et la texture des aliments, les industriels de l'agroalimentaire pousseraient à la consommation : « *de 56 à 100 % en plus de calories par minute* », précise-t-il, citant une étude[7] de l'institut américain de la santé. En dérégulant la satiété et donc « *la prise alimentaire* », ces aliments « *entraînent un appauvrissement en micronutriments protecteurs et un excès de sucres rapides de mauvaise qualité, de gras, de sel et de nombreux xénobiotiques, notamment des additifs et autres molécules de synthèse inconnues au corps humain, aux effets mal connus à long terme*[8] », prévient-il.

L'accès à une alimentation saine et durable représente donc un fort enjeu de santé publique, et ce pour l'ensemble de la société. D'ailleurs, l'agence Santé publique France, sous tutelle du ministre chargé de la Santé, conseille de limiter la consommation d'aliments ultra-transformés pour privilégier plutôt celle d'aliments bruts ou peu transformés. De même,

---

7. Kevin D. Hall *et al.*, « Ultra-Processed Diets Cause Excess Calorie Intake and Weight Gain: An Inpatient Randomized Controlled Trial of Ad Libitum Food intake », *Cell Metabolism*, vol. 30, n° 1, juillet 2019, p. 67-77.

8. Anthony Fardet, « La recette d'une alimentation saine et durable », *Pour la science*, hors-série n° 111, mai-juin 2021.

elle recommande de privilégier la consommation de produits bios afin de limiter l'exposition aux résidus de pesticides.

L'importance de cet enjeu sanitaire s'accroît pour les ménages en situation de précarité alimentaire. En effet, nous ne sommes pas tous égaux face aux risques de développer des pathologies liées à une mauvaise alimentation.

Depuis quelques années, grâce notamment aux études Abena conduites depuis quinze ans par l'Institut de veille sanitaire (INVS) au sein des structures d'aide alimentaire, on sait qu'il existe une surreprésentation de certaines maladies chroniques attribuables à une alimentation déséquilibrée chez les usagers de l'aide alimentaire[9]. On observe chez ces derniers plus de cas d'obésité, d'hypertension artérielle et de diabète que dans le reste de la population.

Inégalités sociales

Il est moins évident d'obtenir des données précises en ce qui concerne les ménages qui sont en situation d'insécurité alimentaire mais qui ne fréquentent pas les associations caritatives, car ces derniers sont plus difficiles à identifier et donc à étudier. Néanmoins, les chiffres qui existent sur les inégalités en matière d'obésité sont assez parlants. Si cette pathologie touche de manière croissante toutes les catégories sociales, on observe que plus le foyer a des revenus bas, plus ses membres ont des chances d'être obèses. L'enquête ObÉpi-Roche 2012 révèle ainsi que la prévalence de cette pathologie est 3,5 fois plus élevée (26 % *versus* 7 %) chez les adultes issus de ménages ayant un revenu net mensuel infé-

9. Cf. chap. 3.

rieur à 900 euros que chez ceux ayant un revenu supérieur à 5 300 euros[10]. Et, dans l'édition 2020 de la même enquête, on peut lire que « *75 % des enfants en surpoids ou en obésité sont issus des catégories populaires et inactives (ouvriers, employés, chômeurs, hommes/femmes au foyer...)*[11] ».

Pour avoir une analyse plus large du lien entre précarité alimentaire et état de santé, on se réfère aujourd'hui à des études épidémiologiques qui viennent, pour la plupart, des pays anglo-saxons. Si elles ne permettent pas d'établir de relations causales, ces enquêtes montrent qu'il existe un parallèle entre le fait d'être en situation d'insécurité alimentaire et celui d'être en mauvais état de santé à tous les âges de la vie. Elles suggèrent ainsi qu'il existe un « effet » spécifique de l'insécurité alimentaire sur la santé[12].

En France, ce qui transparaît à travers les travaux disponibles, notamment les études Inca, c'est le lien entre le statut socio-économique (SSE, défini par le revenu, l'éducation et/ou l'emploi) des ménages et la qualité nutritionnelle de leur alimentation. La consommation des fruits et légumes est en ce sens un marqueur social incontestable. Les personnes les plus modestes en mangent moins que les autres, à une fréquence moindre et avec une plus faible variété de produits. Dans l'ensemble, la plupart des aliments recommandés pour la santé, tels que les fruits et légumes, mais

10. Institut Roche de l'obésité, Inserm, Kantar Health, « Enquête épidémiologique nationale sur le surpoids et l'obésité », 16 octobre 2012.

11. Odoxa, Inserm, Ligue contre l'obésité, SciencesPo chaire santé, Roche, « Enquête épidémiologique nationale sur le surpoids et l'obésité pour la Ligue contre l'obésité », 2020, p. 26.

12. Cf. Inserm, « Inégalités sociales de santé en lien avec l'alimentation et l'activité physique », 2014.

aussi le pain complet, les viandes maigres et les poissons et crustacés, sont préférentiellement consommés par les catégories sociales aisées. Les repas des ménages de faible SSE sont quant à eux plutôt caractérisés par la présence de féculents, de viandes et charcuteries grasses, relevant de manière générale d'une alimentation souvent plus grasse, plus salée et plus sucrée [13]. Cela implique des apports en vitamines et minéraux, mais aussi en fibres et en fer systématiquement plus faibles que dans l'ensemble de la population [14].

Récemment, une note de la Drees, qui dépend notamment du ministère de la Santé et de la Prévention, soulignait que « *le risque de développer un diabète est 2,8 fois plus élevé chez les plus modestes que chez les plus aisés* [15] ».

On observe donc, au travers de ces différents constats, que les ménages en situation de précarité, du fait de ce qu'ils mangent principalement, mais aussi de ce qu'ils ne mangent pas ou peu, s'exposent davantage que la moyenne au risque de développer une maladie chronique imputable à l'alimentation.

Dominique, retraitée dans l'Indre, a bien conscience de tout cela. « *On nous dit que pour la santé, il faut manger ceci ou cela... Et quand je compare les aliments recommandés et ce que j'achète, je vois bien que ce que je mange n'est pas bon pour*

---

13. Cf. France Caillavet, Nicole Darmon, Anne Lhuissier, Faustine Régnier, « L'alimentation des populations défavorisées en France. Synthèse des travaux dans les domaines économique, sociologique et nutritionnel », *Les Travaux de l'Observatoire national de la pauvreté et de l'exclusion sociale 2005-2006*, La Documentation française, 2006.

14. Cf. chap. 3.

15. Samuel Allain, avec la collaboration de Vianney Costemalle, « Les maladies chroniques touchent plus souvent les personnes modestes et réduisent davantage leur espérance de vie », *Études et Résultats*, n° 1243, octobre 2022.

moi[16] », témoigne-t-elle. Suite à un pépin de santé en juin 2022, elle a fait une batterie d'examens. Son cardiologue lui a alors appris qu'elle avait du cholestérol, et lui a conseillé un régime alimentaire. « *Il m'a dit qu'il ne fallait pas consommer de charcuterie et qu'il fallait que je mange du poisson* », rapporte Dominique. Mais avec 787 euros de revenus par mois, le poisson, « *je ne peux pas m'en acheter*, dit-elle. *Même la viande blanche, comme le poulet, est trop chère. Du coup, pour avoir des protéines, je mange du jambon blanc, même si je sais que ce n'est pas idéal.* »

Une question de goût ?

Les solutions politiques proposées jusqu'à présent, pour répondre à cette problématique, interrogent. Certes, des décisions ont été prises visant à améliorer les repas dans la restauration en milieu scolaire (loi Egalim), qui bénéficient de fait à beaucoup d'enfants issus de familles en précarité, et une réflexion est en cours depuis quelques années pour favoriser une meilleure qualité nutritionnelle de l'aide alimentaire, mais c'est à peu près tout. L'essentiel des mesures portées au niveau national depuis vingt ans, dans le but de promouvoir une alimentation favorable à la santé, se limite à des campagnes de communication (« Cinq fruits et légumes par jour », « Mangez, bougez », etc.), à la diffusion de guides alimentaires « pour tous » et à des actions d'éducation nutritionnelle pour les « pauvres ». Cette stratégie politique qui vise principalement le comportement des personnes, et qui semble faire l'impasse sur la question

16. Entretien avec l'auteur, février 2023.

de l'accès, laisse penser qu'une mauvaise alimentation ne serait qu'une question de goût ou d'ignorance. Est-ce vraiment le cas ?

Chapitre 7

« *Il n'y a pas de goûts de pauvres* »

« *De toute façon, ce n'est pas la peine de donner trop de qualité aux gens pauvres, ça ne les intéresse pas.* » Dix ans après, Yuna Chiffoleau, se souvient encore de cette remarque d'un responsable d'une association spécialisée dans l'aide alimentaire. À l'époque, elle travaillait avec cette organisation sur un projet d'approvisionnement en produits bios et locaux. Une affirmation qui encore aujourd'hui a la dent dure et ancre dans les esprits l'idée que si les personnes précaires mangent « mal » c'est parce que manger « bien » ne fait pas partie de leurs préoccupations, voire ne correspond pas à leurs goûts. Ainsi, vouloir manger sain et durable serait un « problème de riches ». Ce n'est pourtant pas ce qui ressort des témoignages de nombreuses personnes en situation de précarité alimentaire que nous avons rencontrées, comme Sophie, mère seule toulousaine, qui reçoit depuis quelques mois des paniers bios solidaires, grâce à une association de quartier, et qui est investie dans un combat citoyen pour l'implantation d'une ferme urbaine et de jardins maraîchers à proximité de chez elle.

« Ne faites pas attention aux boîtes aux lettres défoncées et aux parties communes abîmées[1] », s'excuse presque la jeune femme, en ouvrant la porte du hall de son immeuble. Elle s'est installée il y a cinq ans dans un deux-pièces de 46 m^2, situé dans le quartier des Pradettes. Touchée par une maladie qui la fatigue énormément, elle reçoit l'allocation aux adultes handicapés (AAH). Une fois qu'elle a payé son loyer et ses charges, il lui reste un peu moins de 20 euros par jour pour elle et son fils. Depuis un an et demi, elle va à l'épicerie sociale afin de pouvoir mettre un peu d'argent de côté. Auparavant, elle faisait ses courses chez Aldi : « *Je prenais toujours les premiers prix. Des Knacki, du jambon par paquet de dix tranches... Même des escalopes de dinde, je ne pouvais pas m'en payer.* » De temps en temps, elle se rendait également à la distribution alimentaire : « *On nous donnait essentiellement des boîtes de conserve et des pâtes.* » L'épicerie lui a permis de diversifier son alimentation. C'est important pour elle de pouvoir « *manger dignement* ».

Sophie a appris l'existence des paniers bios solidaires grâce à un tract. L'initiative l'a intéressée. « *C'est meilleur pour la santé, et puis l'écologie fait partie de ma culture familiale* », explique la jeune femme originaire de Lorraine. Elle a choisi de s'engager dans l'association Nouvelles agricultures en territoire urbain pour le rassemblement et l'émancipation solidaires (N.A.T.U.R.E.S) Pradettes, qui tente de convaincre la mairie toulousaine de créer des jardins collectifs sur un vaste terrain libre au lieu de vendre ce dernier à des promoteurs immobiliers. Elle l'a fait notamment pour son fils qui, au contact de la terre, pourrait « *apprendre beaucoup de*

1. Entretien avec l'auteur, novembre 2021.

choses et se préparer à être un adulte qui mange sainement », pense-t-elle. À N.A.T.U.R.E.S Pradettes, Sophie milite aux côtés de Martine Taillemite. Arrivée à Toulouse en 2019, cette quinquagénaire est contractuelle dans une école municipale, où elle fait le ménage, après avoir travaillé pendant vingt ans comme « *caissière en grande surface* », dans le Jura. Sa « *fibre écologique*[2] », dit-elle, remonte à son enfance. Ses parents, mariniers, convoyaient des péniches. « *C'était une vie de nomades, proche de la nature*, se souvient Martine. *Nous vivions de pêche et de cueillette, avec toujours le souci de prendre juste ce dont nous avions besoin pour en laisser à ceux qui passaient derrière nous.* » Dans le quartier populaire de la Reynerie, où elle vit, « *beaucoup d'habitants sont des enfants d'immigrés. Leurs parents avaient, dans leur pays, un bout de terrain où ils cultivaient des fruits et légumes qu'ils cuisinaient* ». Quand elle leur parle du projet de ferme urbaine, elle n'a pas l'impression « *de leur faire violence* », mais plutôt que « *ça sonne vrai dans leur tête* », que « *ça répond à quelque chose* ».

Ce que décrit Martine, c'est l'histoire d'Hadj, ouvrier dans le bâtiment quelques centaines de kilomètres plus au nord, à Grande-Synthe. Depuis l'automne 2021, ce père de deux enfants bénéficie d'une parcelle dans un « jardin populaire » aménagé par la municipalité. « *Je viens d'une famille d'agriculteurs*, raconte-t-il. *Quand j'étais en Algérie, je ne mangeais que du bio, c'était notre production*[3]. » Arrivé en France, il a arrêté. « *J'avais perdu le contact avec la terre. Et dans les magasins, c'était trop cher* », dit-il. Mais le temps passant,

---

2. Entretien avec l'auteur, novembre 2021.
3. Entretien avec l'auteur, juillet 2021.

préoccupé par sa santé et par celle de ses enfants, craignant notamment l'effet nocif que pourraient avoir les pesticides, il a décidé de s'approvisionner en bio « *à 50 %* » : « *J'achète les pommes de terre et les œufs à la ferme.* » La libération d'un terrain dans ce jardin avoisinant son quartier était une bonne opportunité. Avec son fils et sa fille, il y cultive des salades, des poireaux, des pommes de terre et des oignons.

À quelques pas, Zaina, 33 ans, emmitouflée dans sa parka, cueille des laitues. Après le confinement, elle et son mari ont regardé avec davantage d'intérêt la proposition de la mairie de cultiver une parcelle à côté de chez eux. Ils ne regrettent pas d'avoir sauté le pas. Ce jardinage au grand air leur fait du bien et, depuis, les légumes frais sont apparus dans leurs assiettes. « *Avant, il nous arrivait d'en manger, mais pas régulièrement*[4]. » Parce que les enfants n'appréciaient guère, mais « *aussi parce qu'au niveau du prix...* », souligne la jeune femme, agent de service dans un établissement scolaire. Manger plus sainement était quand même une préoccupation du couple, surtout par rapport à leurs enfants : « *Quand on voit les problèmes d'obésité.* » Et puis, « *ces dernières années, il y a eu énormément de reportages à la télévision, on a beaucoup entendu parler de bio, d'OGM, de pesticides... Les gens sont plus informés*, estime Zaina. *Même si, au début, ça ne nous intéressait pas trop, on finit par se poser des questions. D'où vient le produit ? Comment est-il fait ? Est-ce qu'il n'y a pas de pesticides ?* »

Ces préoccupations sont croissantes au sein de la société depuis trente ans. Des enquêtes réalisées par le Centre de recherche pour l'étude et l'observation des conditions de vie

4. Entretien avec l'auteur, juillet 2021.

(Crédoc) montrent ainsi que de plus en plus de consommateurs font le lien entre alimentation et santé[5]. Et pour cause : depuis les années 1980, les Français sont confrontés à de multiples conseils et mises en garde à caractère nutritionnel divulgués par des autorités sanitaires, des médecins, des associations de consommateurs, etc. Les scandales et crises alimentaires (vache folle, fraude à la viande de cheval, etc.) sont aussi passés par là. Et le questionnement autour du lien entre l'alimentation et certaines maladies est devenu courant dans le débat public. Tout cela a ancré dans l'opinion l'idée que ce qu'on mange peut présenter des risques. Aujourd'hui, les trois quarts de la population française le pensent, contre seulement la moitié il y a vingt ans. On voit aussi, à travers les travaux du Crédoc, que l'intérêt pour les enjeux écologiques grandit au fil des décennies.

Françoise Cartron et Jean-Luc Fichet le soulignent dans leur rapport « Vers une alimentation durable », rendu au Sénat. Alors qu'en 1995 la dégradation de l'environnement était un sujet de préoccupation prioritaire pour seulement 7 % des personnes interrogées. Il l'est désormais pour plus d'un quart[6], écrivent-ils. Et le lien entre environnement et mode d'alimentation est souvent fait. Comme celui entre la préservation de la nature et celle de la santé. La sénatrice et le sénateur expliquent cette synergie par le fait que, « *dans l'opinion, les risques non nutritionnels de l'alimentation, ceux qui sont liés à la présence d'intrants agricoles (pesticides, herbicides et insecticides, antibiotiques) ou à*

5. Cf. par exemple Louise Seconda, Aurée Salmon Legagneur, Pascal Hérel, « Renversement de tendance : les Français végétalisent leur alimentation », *Crédoc. Consommation et modes de vie*, n° 315, mars 2021.
6. Françoise Cartron, Jean-Luc Fichet, rap. cit., p. 29.

la présence d'additifs, arrivent en tête dans la hiérarchie des risques alimentaires[7] ». Les huit millions de personnes en situation d'insécurité alimentaire qui vivent aujourd'hui en France sont-elles imperméables à ces préoccupations ?

Non, évidemment. Les témoignages de Sophie, Martine, Hadj et Zaina, à Toulouse et Grande-Synthe, le disent. Et ils sont loin d'être isolés. Dans une enquête menée par le Secours Catholique[8] auprès des ménages auxquels l'association a distribué des chèques-services pendant le confinement de 2020, 83 % d'entre eux se disent préoccupés par les effets de leur alimentation sur leur santé, avec le sentiment de ne pas avoir de prise sur le sujet. « *La complexité du rapport à l'alimentation des personnes en situation de précarité ne peut pas être résumée à un manque d'information. Au contraire, les personnes savent ce qu'est une alimentation saine et équilibrée*[9] », confirme une étude menée par le mouvement ATD Quart Monde.

Non seulement, les groupes les moins aisés expriment, comme le reste de la population, un intérêt pour une alimentation saine, de qualité et durable, mais ils ne sont pas non plus absents des tendances de consommation, comme celle du bio. On l'observe dans de récentes enquêtes : 11 % des moins diplômés déclarent acheter régulièrement bio (contre 18 % des plus diplômés)[10], et un cinquième de ceux qui

---

7. *Ibid.*, p. 30.

8. Secours Catholique, « État de la pauvreté en France 2021. Faim de dignité », novembre 2021.

9. Magali Ramel, Huguette Boissonnat Pelsy, Chantal Sibué de Caigny, Marie-France Zimmer, « Se nourrir lorsqu'on est pauvre. Analyse et ressenti de personnes en situation de précarité », *Revue Quart Monde*, n° 25, juin 2016.

10. Mélanie Gauche, « Les pratiques alimentaires des ménages : quelle place pour une consommation durable ? », in Commissariat général au développement

consomment plus de la moitié de leur alimentation en bio gagnent moins de 1 200 euros par mois[11].

« *Il n'y a pas de goûts de pauvres*, assure Anne Lhuissier, sociologue à l'Inrae et spécialiste des pratiques alimentaires. *Ce n'est pas par choix que l'on achète des produits premier prix, que l'on trouve généralement moins bons*[12]. » De même, les habitudes de consommation ne dépendent pas du niveau de revenus, mais souvent de l'âge et de la composition familiale, du milieu culturel ou social dont on est issu, du niveau d'éducation aussi. Et les « mauvais » goûts sont largement partagés. Les auteurs de l'étude internationale publiée par l'Observatoire européen des politiques et des systèmes de santé estiment ainsi que 44 %[13] de la population française a une alimentation déséquilibrée. Et, selon une enquête du Crédoc[14], les plus gros consommateurs de pizzas et de sandwichs sont les professions intermédiaires ; en outre, plus on est diplômé, plus on mange de pâtisseries et de biscuits sucrés.

Il ne faut pas confondre *« lutte contre la précarité alimentaire »* et *« lutte contre la malbouffe »*, nuance Marie Drique[15]. L'objectif de la lutte contre la précarité alimentaire est de

---

durable (CGDD), *Modes de vie et pratiques environnementales des Français*, avril 2018, p. 53.

11. Julia Baudry *et al.*, « Improvement of Diet Sustainability With Increased Level of Organic Food in the Diet: Findings from the BioNutriNet Cohort », *The American Journal of Clinical Nutrition*, vol. 109, n° 4, 2019, p. 1177.

12. Entretien avec l'auteur, septembre 2021.

13. Christine Joy Candari, Jonathan Cylus, Ellen Nolte, art. cit.

14. Fanette Recours, Pascale Hebel, avec la collaboration de Cécile Chamaret, « Les populations modestes ont-elles une alimentation déséquilibrée ? », *Cahier de recherche*, n° 232, décembre 2006.

15. Entretien avec l'auteur, juin 2021.

créer les conditions pour que chacun, y compris les personnes en situation de précarité, ait la possibilité de choisir une alimentation de bonne qualité. Ensuite, si l'on veut inciter les gens à mieux manger, il existe des leviers tels que l'éducation, l'information, à l'image du système Nutri-Score ou de l'application Yuka, ou une publicité efficace, qui irait au-delà des simples messages officiels du ministère de la Santé. « *Mais cela concerne tout le monde* », souligne Marie Drique. « *Consommer une nourriture saine, équilibrée et durable n'est pas une problématique spécifique aux ménages précaires*[16] », abonde l'économiste France Caillavet. Les politiques qui visent à promouvoir ce mode d'alimentation doivent donc être universelles, mais en tenant compte des spécificités liées à la précarité. Car, s'il n'y a pas de goûts de pauvres, « *il y a des contraintes de pauvres*[17] », précise Anne Lhuissier.

« Cinq fruits et légumes par jour », les familles ne peuvent pas

Une petite entrée avec des crudités pour avoir des légumes frais, puis un plat, avec un bout de viande ou de poisson et des féculents, et pour finir une petite touche sucrée, un fruit, un laitage ou un gâteau... C'est comme cela qu'Alice, 67 ans, veuve et retraitée, interviewée dans l'enquête Fors-Recherche sociale dans le cadre d'entretiens menés avec des personnes identifiées comme étant en insé-

---

16. Entretien avec l'auteur, juillet 2021.
17. Entretien avec l'auteur, septembre 2021.

curité alimentaire, imagine le repas type. « *Mais ça, c'est l'idéal*, précise-t-elle. *Après, on fait comme on peut*[18]. »

C'est dans le « comme on peut » que s'immiscent les diverses contraintes qui empêchent, ou du moins rendent difficile l'accès à une offre alimentaire de qualité. La première d'entre elles est financière : « *Cinq légumes et fruits par jour*, rappelle un participant d'un groupe de parole du mouvement ATD Quart Monde, *au niveau budgétaire, les familles ne peuvent pas*[19]. » Ce constat est confirmé par les auteurs d'une enquête publiée par l'Institut national de prévention et d'éducation pour la santé (INPES), rattaché au ministre chargé de la Santé : « *Les fruits, les légumes, la viande et le poisson pèsent lourd dans le budget alimentaire des personnes défavorisées, alors que les aliments de forte densité énergétique (matières grasses ajoutées, sucres et produits gras et sucrés, ou gras et salés, etc.) sont généralement des sources de calories peu chères, et sont donc préférentiellement choisis lorsque les contraintes budgétaires sont très fortes.* » De même que les féculents raffinés, tels que les pâtes ordinaires et le riz blanc, qui sont appauvris en fibres et en nutriments essentiels. En bref, la structure des prix n'est pas favorable à l'équilibre alimentaire.

Une deuxième entrave dans l'accès à une alimentation saine et équilibrée est liée au type de logement. De nombreuses familles ou personnes en précarité qui vivent, par exemple, dans un hôtel social, n'ont accès à aucun équipement pour cuisiner, ou alors uniquement un micro-ondes. Elles n'ont la plupart du temps d'autre choix que de se

18. Benjamin Badia *et al.*, rap. cit., p. 70.
19. Magali Ramel *et al.*, art. cit.

nourrir de sandwichs, de biscuits, de chips ou de plats ultra-transformés, souvent de mauvaise qualité nutritionnelle.

Les ménages peuvent, enfin, être confrontés à l'absence d'offre de proximité. Habitante du quartier populaire Charles-Hermite, tout au nord de Paris, Mado, 79 ans, raconte que pendant longtemps, avant qu'une association ne monte un groupement d'achat solidaire en bas de chez elle, elle n'a pu s'approvisionner en produits bios que ponctuellement, lors de ses rares visites chez le podologue, dans un quartier plus cossu de la capitale. « *En écoutant la radio et en discutant avec ma fille aide-soignante, j'ai pris conscience que c'était meilleur pour ma santé et pour la planète*, dit-elle. *Mais je n'en trouvais pas à côté de chez moi*[20]. » Cet aspect très documenté dans les pays anglo-saxons, où l'on parle parfois de « *déserts alimentaires* », est peu connu en France. Certains chercheurs commencent tout juste à se pencher sur le sujet.

Cette fracture, creusée par les inégalités socio-économiques et territoriales, a été exacerbée lors de la crise du Covid. Avec, d'un côté, des consommateurs qui, face aux difficultés d'accès aux grands magasins ou à la pénurie de certains produits, ont adopté des modes de consommation considérés comme plus durables (fait maison, plus de fruits et légumes, plus de local et de bio, moins de produits transformés, etc.). Et, de l'autre, des ménages qui, pour les mêmes raisons, mais également du fait d'une perte de revenus ou d'une augmentation des dépenses (liées à la hausse du prix de certains produits, ou à la fermeture des cantines scolaires) se sont retrouvés contraints de réduire la qualité, la diversité, et

---

20. Entretien avec l'auteur, septembre 2021.

parfois même la quantité de leur alimentation, ou de recourir à l'aide alimentaire [21].

L' idée de manger mieux, pour soi et pour la planète, monte en puissance, depuis vingt ans, dans l'opinion publique, dans les modes de consommation et dans les préoccupations des politiques. Il ne faudrait pas que les personnes en situation de précarité alimentaire soient exclues de cette dynamique : parce qu'elles sont les premières touchées par les maladies liées à une alimentation de mauvaise qualité ; parce qu'elles sont animées par les mêmes préoccupations de se réapproprier leur alimentation, de protéger leur santé et celle de leurs enfants et de préserver la nature. L'alimentation *low cost* et l'aide alimentaire ne peuvent ainsi plus être les seules solutions qui leur sont proposées pour se nourrir. Et les conseils pour mieux manger, qui sont particulièrement mal vécus lorsqu'ils viennent percuter l'impossibilité matérielle de le faire, ne peuvent demeurer les seuls outils pour leur permettre d'améliorer leurs repas.

Face aux enjeux de santé publique et de justice sociale que représente l'inclusion de ces ménages dans le mouvement actuel de transition alimentaire, une question se pose : comment permettre à tous d'accéder dignement à une alimentation saine et durable ? Aujourd'hui, *la* réponse n'existe pas. Néanmoins, un peu partout en France, des réflexions et des expérimentations sont menées à la recherche de solutions.

---

21. CNA, « Retour d'expérience de la crise Covid-19. Période du premier confinement », avis n° 89, juillet 2021.

CHAPITRE 8

Du « libre » choix au « bon » choix

Et si permettre l'accès de tous à une meilleure alimentation passait par une augmentation des *minima* sociaux et des bas salaires ? C'est l'idée que défendent plusieurs spécialistes de la lutte contre la précarité alimentaire, à l'image d'Olivier De Schutter. Cette solution a le mérite de préserver l'autonomie des personnes et de leur garantir une certaine liberté de choix. Mais elle est difficile à défendre politiquement, tant elle se heurte à l'idée, largement répandue au sein de l'opinion publique comme de la classe politique, que les personnes en précarité dépensent mal leur argent. On le constate chaque année, au mois de septembre, lorsqu'éclate la désormais traditionnelle polémique autour de l'allocation de rentrée scolaire qui servirait surtout, selon ses détracteurs, à acheter des écrans plats [1].

Ce préjugé est tellement ancré qu'il est souvent intégré par les personnes elles-mêmes. À la question « Quelle mesure sociale pourrait améliorer votre situation de façon pérenne ? »,

1. Sophie Cazaux, « L'allocation de rentrée scolaire est-elle vraiment détournée pour acheter des écrans plats ? », leparisien.fr, 31 août 2021.

Céline, allocataire du RSA qui vit avec sa fille dans un petit village de l'Indre, soumet l'idée de tarifs différenciés selon le revenu pour l'eau et l'énergie (électricité et gaz), les abonnements téléphoniques, les transports publics et la restauration scolaire (cela existe déjà, mais pas dans le territoire où elle vit). Lorsqu'on lui suggère une éventuelle hausse du RSA, sa réaction est épidermique : « *Ah non ! Sinon, on va encore nous accuser de profiter*[2] *!* » Si les personnes se font confiance pour bien utiliser l'argent perçu, elles ont parfois tendance à dénigrer l'usage que pourraient en faire d'autres ménages qui vivent les mêmes difficultés. « *On est tellement désespérés, qu'à la fin, à force d'entendre les autres le dire, on finit par croire nous-mêmes qu'on est des incapables, qu'on ne sait pas gérer* », confie-t-elle.

En réalité, c'est le contraire, assurent nombre d'acteurs de la lutte contre la pauvreté et l'exclusion, comme le Secours Catholique ou ATD Quart Monde. Ce que constatent ces organisations qui accompagnent les ménages précaires dans la durée, c'est que, dans la plupart des cas, lorsque les ressources manquent au foyer, la gestion du budget est d'une rigueur extrême. « *On est des mathématicien·ne·s*[3] », écrivent ainsi des personnes en précarité réunies au sein de la « plateforme de mobilisation citoyenne[4] » du Rhône. Dans ce texte à destination du grand public et des dirigeants politiques, ces dernières racontent un quotidien où l'on passe son temps à

---

2. Entretien avec l'auteur, septembre 2022.

3. Secours Catholique, « État de la pauvreté en France 2022. À l'épreuve des crises. Enquête sur les budgets des plus précaires », novembre 2022, p. 96.

4. Ce groupe de mobilisation citoyenne est composé d'une dizaine de personnes habitant la métropole de Lyon et le département qui fréquentent la délégation Secours Catholique du Rhône.

calculer, car le moindre centime compte. Elles disent prendre systématiquement « *les promos sur les produits qui arrivent à date de péremption*[5] » et éplucher les catalogues avant d'aller faire les courses, pour comparer les tarifs des différentes grandes surfaces et se rendre dans les moins chères. Dans leurs comptes, elles n'oublient pas d'inclure le coût du déplacement afin d'être sûres de ne pas perdre l'argent ainsi économisé dans l'achat des titres de transport ou dans le carburant. Sur les étiquettes affichées dans les rayons, elles regardent le prix au kilo plutôt que celui à l'unité, pour ne pas se faire avoir par les pros du marketing.

Autre constante : « *On a toujours une calculette à la main. Cela nous évite la honte d'avoir à enlever des produits une fois à la caisse*[6] », explique Sonya, membre de la plateforme. Cette mère seule, allocataire du RSA, témoigne que les aides exceptionnelles et primes qui ont été versées par le gouvernement depuis l'été 2020 ont permis de « mettre du beurre dans les épinards ». Elle le constate pour elle, comme pour d'autres ménages qu'elle côtoie : « *Certains ont pu éponger des dettes, d'autres remplir le frigo pour deux ou trois jours de plus...* » Dans l'Indre, Céline a reçu toutes ces aides exceptionnelles et bénéficié des majorations de la prime de rentrée scolaire et du « Chèque énergie[7] ». Elle n'a pour autant rien changé à ses habitudes. « *J'ai tout mis de côté*, déclare-t-elle. *Pour anticiper l'inflation et pour pouvoir acheter des cadeaux à ma fille à*

5. Secours Catholique, « État de la pauvreté en France 2022... », rap. cit., p. 96.
6. Entretien avec l'auteur, septembre 2022.
7. Aide exceptionnelle attribuée par le gouvernement face à la hausse des prix de l'énergie pour aider les ménages en situation de précarité à payer leurs factures d'énergie.

Noël. Pour plus tard aussi, quand il faudra par exemple financer son permis de conduire. J'essaie de voir le plus loin possible. » À un certain niveau de revenus, toute aide supplémentaire n'est jamais « perdue ».

Un vieux préjugé

La vision stigmatisante du pauvre irresponsable qui ne saurait pas faire les bons choix et donc bien se nourrir n'est pas nouvelle. Dans un article intitulé « Un distant miroir[8] », l'historien Martin Bruegel relate un débat scientifique et politique sur la « mauvaise alimentation » des classes populaires qui remonte au début du XXe siècle[9]. À cette époque, les pouvoirs publics cherchent à endiguer la propagation de la tuberculose, qui semble avoir un lien avec la malnutrition. Un professeur de médecine, Louis Landouzy, coordonne alors une enquête sur les habitudes alimentaires d'une centaine d'ouvriers et d'employés parisiens en 1904-1905. Le but : fournir des fondements scientifiques aux recommandations nutritionnelles en vue d'enrayer l'incidence de la tuberculose. À cette même période, les frères Bonneff, syndicalistes et collaborateurs de *l'Humanité*, incriminent la pauvreté comme facteur principal de la maladie. Pour appuyer leur propos, ils reproduisent les statistiques du département du Nord où 70 %[10] des ouvriers tuberculeux sont aussi sous-alimentés. Le Dr Landouzy et son équipe,

8. Martin Bruegel, « Un distant miroir. La campagne pour l'alimentation rationnelle et la fabrication du "consommateur" en France au tournant du XXe siècle », *Actes de la recherche en sciences sociales*, vol. 4, no 199, 2013.
9. *Ibid.*, p. 30.
10. *Ibid.*, p. 31.

eux, « *renversent la perspective* [11] » en proposant d'observer les individus plutôt que de cibler les conditions du salariat ou l'offre alimentaire, analyse Martin Bruegel. En effet, sans faire abstraction du déterminant économique et social, ils le minorent, préférant reporter l'attention sur les choix individuels. Selon leurs conclusions, la mauvaise gestion du budget du foyer serait ainsi à l'origine de la malnutrition observée.

Un préjugé tenace qui explique en grande partie que « *de tout temps, l'aide apportée aux personnes pour se nourrir a toujours été en nature ou sous forme de bons d'achat* [12] », précise l'historienne Axelle Brodiez-Dolino. Pourtant, des expériences démontent cette idée reçue. Comme à Grande-Synthe, où la mairie a instauré en 2019 le minimum social garanti (MSG) pour les ménages les plus précaires de la commune. L'évaluation de cette aide financière, deux ans plus tard, a montré que cette dernière était principalement utilisée pour des achats alimentaires [13]. « *Pour de nombreuses familles, cela leur a permis d'améliorer le contenu de leur assiette en achetant de la viande, du poisson ou des fruits et légumes* [14] », précise Meriem Bouali, travailleuse sociale au CCAS. Plus récemment, en 2022, Action contre la faim et la Fondation de l'Armée du Salut ont mené conjointement à Montreuil, en Seine-Saint-Denis, un projet intitulé Passerelle auprès de 200 personnes et familles en situation d'insécurité alimentaire (et dont seulement 18 % avaient recours à l'aide

11. *Idem*.
12. Entretien avec l'auteur, juin 2021.
13. Clément Cayol, « Analyse de la mise en place du minimum social garanti », Ville de Grande-Synthe, décembre 2020.
14. Entretien avec l'auteur, septembre 2020.

alimentaire). Pendant quatre mois, ces ménages ont reçu 63 euros par personne et par mois, sous forme d'un transfert monétaire sur un compte en banque ou une carte d'achat : *« 80 % de cette aide a été dépensée dans des enseignes alimentaires*[15] », rapporte Massimo Hulot, qui a suivi ce projet pour le compte d'Action contre la faim. « *On a aussi pu observer une stratégie d'épargne, certaines personnes ont économisé pendant quatre mois pour acheter un matelas, un four ou un micro-ondes...* », précise-t-il.

Ces constats viennent compléter ceux de l'économiste Claude Michaud qui a étudié, pendant un an, au début des années 2000, l'utilisation des bons d'achat distribués par le CCAS de Montbéliard, dans le Doubs. Le chercheur a en effet pu observer qu'avec ce surplus de ressources, les ménages achetaient prioritairement des produits frais : viande, produits laitiers, fruits et légumes[16].

D'autres études montrent, à l'inverse, que la qualité de l'alimentation, incluant sa variété, diminue souvent en même temps que les revenus disponibles, en particulier à la fin du mois. Dans ces enquêtes, les personnes interrogées expliquent que, pour rentrer dans leur budget de plus en plus restreint, elles réduisent leur consommation de produits frais : fruits et légumes verts, salades et crudités, viandes, produits laitiers[17].

---

15. Entretien avec l'auteur, décembre 2022.
16. Claude Michaud, « Alimentation des personnes en situation de précarité ou de grande pauvreté, ce que l'on sait et ce que l'on fait », *Cahiers de nutrition et de diététique*, vol. 35, nº 4, septembre 2000.
17. Cf. M. Abi Samra et F. Hachem, « Manger, se nourrir dans la précarité », MRIE, 1997 ; Sabine Durand-Gasselin, François-Marie Luquet, « Enquête sur l'alimentation de personnes défavorisées réalisée dans le cadre du programme

Les résultats de ces différents travaux et expériences démontrent qu'en cas d'augmentation de revenus, les pratiques d'achat des familles précaires se rapprochent de la moyenne[18].

Liberté de choix

Aujourd'hui, la question du libre choix occupe une place importante dans la réflexion menée autour d'une transition alimentaire juste. Et le débat militant sur l'accès digne de tous à une alimentation de meilleure qualité est traversé par une tension entre principe de liberté et souci d'efficacité. Certains acteurs estiment en effet qu'une « bonne alimentation » est avant tout celle choisie librement par les personnes. On ne peut, à ce titre, imposer aux ménages d'acheter des produits frais, bios et/ou locaux, qui ne correspondraient pas forcément à leurs contraintes matérielles, à leurs habitudes alimentaires et à leurs aspirations. Si la qualité nutritionnelle et la conformité écologique des produits consommés sont un idéal à atteindre, elles ne sont pas la priorité. De ce point de vue, l'aide proposée ne peut, selon eux, être contraignante. « *Évidemment que ces ménages sont concernés par la nécessité de consommer sain et durable*, convient Massimo Hulot. *Mais chercher à lever une contrainte financière en imposant une autre contrainte d'ordre environnementale et sanitaire a des chances d'être mal vécu et peut se*

Aliment Demain. (IV. La vie quotidienne autour de l'alimentation) », *Médecine et Nutrition*, vol. 36, n° 1, 2000.

18. France Caillavet, Nicole Darmon, Anne Lhuissier, Faustine Régnier, art. cit.

révéler finalement contre-productif. Le premier enjeu est qu'en n'étant plus stressées à compter le moindre centime en faisant leurs courses, en retrouvant de l'autonomie et de la liberté de choix, ces personnes retrouvent du plaisir dans l'alimentation. Et à partir du moment où il y a du plaisir, on peut discuter pour orienter les modes de consommation vers des produits meilleurs pour la santé et plus respectueux de la nature. »

D'autres observateurs jugent, au contraire, que l'objectif de la lutte contre la précarité alimentaire ne sera pas atteint si cette dernière n'aboutit pas de manière certaine à la consommation de produits sains et durables. Ils considèrent que la liberté de beaucoup de personnes en situation précarité, dans le choix de leur alimentation, sera toujours faussée par le poids d'autres impératifs budgétaires, du fait de leurs budgets fortement contraints, et/ou de la forte influence exercée par le marketing de l'agro-industrie. Ils pensent donc que l'aide proposée doit être fléchée vers des produits recommandés, au risque, sinon, d'enfermer les ménages défavorisés dans une alimentation, certes « choisie », mais qui ne convient pas aux exigences sanitaires et écologiques, et de les maintenir ainsi à l'écart de la dynamique de transition à l'œuvre. C'était l'idée du « Chèque alimentation durable » annoncé par Emmanuel Macron en décembre 2020. Le chef de l'État avait repris une proposition de la Convention citoyenne pour le climat (CCC) de distribuer un surplus de revenus aux ménages en situation de précarité, destiné à l'achat de produits locaux, durables, voire bios.

Le débat reste aujourd'hui ouvert, avec en toile de fond une question : quelle est finalement la solution la plus juste ? Celle imaginée par la coopérative Biocoop et le groupe Up (anciennement groupe Chèque déjeuner) fait en partie office de synthèse[19]. L'idée : proposer aux foyers identifiés comme étant en situation d'insécurité alimentaire un transfert monétaire d'une centaine d'euros, par ménage et par mois, sur un titre de paiement (sous forme de carte) réservé à l'alimentation (hors restauration), mais sans plus de contrainte. « *On sait qu'il y a des barrières autres que financières à la consommation du bio : géographiques, psychologiques, culturelles, etc. et qu'une aide réservée aux produits bios risquait de ne pas être utilisée par les ménages*[20] », explique Gauthier Geiben, secrétaire général de Biocoop. Les deux coopératives ont plutôt opté pour un système d'abondement : en cas d'achat de produits bios, la carte de paiement serait à chaque fois recréditée d'une vingtaine d'euros. Un modèle qui mise sur une liberté relative laissée au consommateur, et basé sur l'incitation plutôt que l'obligation.

Structure de l'offre

Mais la problématique de la précarité alimentaire ne se résume pas à celle du manque de revenus, elle va au-delà, estiment dans une tribune[21] plusieurs associations environnementales et de solidarité, d'insertion sociale et du monde agricole. Réagissant à la remise à l'ordre du jour du « Chèque alimentation durable » (même si, à l'heure où ces lignes sont écrites, l'aspect durable est de plus en plus

19. Elle n'a pas encore été mise en œuvre à l'heure où nous écrivons ces lignes. Une expérimentation auprès d'une centaine de familles était prévue à Montreuil pour 2023.
20. Entretien avec l'auteur, décembre 2022.
21. « Pouvoir d'achat : "L'enjeu de la précarité alimentaire n'est pas soluble dans un chèque" », la-croix.com, 15 juin 2022.

hypothétique[22]), par le gouvernement à l'été 2022, elles expliquent que, si elle est « louable », cette solution ne doit pas empêcher des réponses plus structurelles. Pour elles, l'accès de tous à une alimentation de meilleure qualité doit nécessairement passer par des transformations de notre système alimentaire. Signataire de la tribune, le réseau Civam souligne notamment que *« l'offre d'alimentation durable n'est pas encore également présente et structurée sur tous les territoires »* pour pouvoir garantir l'approvisionnement des titulaires d'un tel chèque. Sur ce point, tous les acteurs militants d'une transition alimentaire juste semblent s'accorder. L'enjeu de l'accessibilité ne se situe pas seulement du côté du pouvoir d'achat, il questionne également la façon dont l'offre alimentaire est structurée, à savoir le prix des produits, leur disponibilité et la manière dont ils sont valorisés auprès du public.

22. Un temps tombé aux oubliettes, le projet de « Chèque alimentation durable » est réapparu à l'été 2022, dans un contexte d'inflation. Mais cette fois-ci, sans restriction dans le choix des produits alimentaires. L'aspect « durable » a disparu, le gouvernement expliquant qu'une éventuelle aide de cette nature est toujours en réflexion.

Chapitre 9

Le bio en grande surface, rendez-vous manqué de la démocratisation

« *Manger mieux pour préserver sa santé et celle de la planète ? C'est aujourd'hui une préoccupation essentielle pour chacun d'entre nous* [...]. *Nous sommes conscients du rôle majeur que nous pouvons jouer pour fournir à tous une alimentation saine, savoureuse et respectueuse de l'environnement.* » Inscrits en lettres blanches sur fond bleu et vert, accolés à la photo d'un père et ses deux jeunes fils devant un étal de fruits, ces quelques mots lus sur le site internet d'une des principales enseignes françaises de la grande distribution donnent envie d'en savoir plus. Qu'envisage cette entreprise pour devenir « *leader de la transition alimentaire pour tous* » comme elle l'annonce ? Ses responsables n'ont malheureusement pas souhaité répondre à nos questions.

L'ambition qu'ils expriment est pourtant intéressante. Principaux lieux d'achats alimentaires pour plus des deux tiers des ménages en France [1], capables d'économies d'échelle

1. « Évolutions du commerce et de la distribution : faits et chiffres 2019 », Fédération du commerce et de la distribution (FCD), 2019.

grâce à leurs volumes et à leur organisation logistique, les grandes surfaces pourraient en effet être la voie d'accès privilégiée à une alimentation saine et durable pour le plus grand nombre. C'est ce qu'avaient, en tout cas, pensé certains observateurs en voyant apparaître le bio dans les rayons des supermarchés, il y a une dizaine d'années. Pourtant, on constate aujourd'hui que ce n'est pas le cas. Si la grande distribution a sûrement rendu les produits issus de l'agriculture biologique plus visibles et plus disponibles à une large proportion de consommateurs, financièrement elle ne les a pas rendus plus accessibles, loin de là.

D'une manière générale, les fruits et légumes frais font partie des produits sur lesquels les grandes surfaces appliquent les marges les plus hautes. « *Leurs marges commerciales avoisinent globalement celles des primeurs*[2] », observe l'Insee. Cela peut éventuellement se justifier par le fait que les produits frais sont périssables et qu'il faut donc répercuter sur les prix un plus gros risque de pertes. Mais cela n'explique pas tout, estime l'UFC-Que choisir, qui y voit aussi le résultat d'une stratégie commerciale. « *Pour gagner des parts de marché, les enseignes vont déterminer des produits d'appel*[3] *sur lesquels elles vont faire beaucoup de publicité et appliquer de très faibles marges pour rendre le produit le moins cher possible*, indique Olivier Andrault, chargé de mission alimentation à l'UFC-Que choisir. *Ce sont le plus souvent*

2. Virginie Andrieux, Aurélien d'Isanto, « Des marges commerciales variées selon les produits, mais proches entre grandes surfaces », *Insee Focus*, n° 45, insee.fr, 19 novembre 2015.

3. Un produit d'appel est un produit mis en avant dans les campagnes marketing, proposé à un prix relativement bas pour attirer les consommateurs en point de vente.

des aliments très transformés, issus des grandes marques de l'industrie alimentaire qui, elles seules, ont les moyens de beaucoup investir dans la publicité. Ce sont des produits connus des clients, sur lesquels on peut facilement se rendre compte d'une variation de prix et comparer avec les autres magasins. Cela va être, par exemple, la bouteille de Coca-Cola, le pot de Nutella, le yaourt Danone, etc.[4]. » Sur certains de ces articles, les grandes surfaces se contentent d'appliquer la marge minimum légale de 10 %. Pour équilibrer les comptes, elles se rattrapent donc sur d'autres marchandises, telles que « *les marques de distributeur* [(MDD)][5] *ou les produits bruts banalisés, comme la viande et les fruits et légumes, sur lesquels elles réalisent en moyenne 50 % de marge* », précise Olivier Andrault, qui dénonce une politique tarifaire « *aux antipodes des recommandations nutritionnelles* ».

Vingt-quatre fruits et légumes

Cela est encore plus flagrant en ce qui concerne les fruits et légumes issus de l'agriculture biologique, dont la consommation est conseillée, notamment par le Haut Conseil de la santé publique[6], pour limiter l'exposition des consommateurs

4. Entretien avec l'auteur, décembre 2022.
5. Une MDD est un produit dont les caractéristiques ont été définies par l'entreprise qui en assure la vente au détail.
6. Le Haut Conseil de la santé publique est une instance d'expertise qui a notamment pour mission de fournir aux pouvoirs publics à la fois l'expertise nécessaire à la gestion des risques sanitaires, la conception et l'évaluation des politiques de prévention et de sécurité sanitaire, et également des réflexions prospectives et des conseils sur les questions de santé publique.

aux pesticides. Dans deux enquêtes[7], menées en 2017 et en 2019, l'UFC-Que choisir épingle les pratiques des enseignes de la grande distribution, regrettant à la fois « *l'indigence de l'offre bio, mais également l'existence d'une politique de marges très élevées sur ces produits* ». L'association de consommateur n'a pas eu accès aux données des distributeurs sur leurs niveaux de marge, ces derniers les conservant jalousement. Mais elle s'est basée sur les cotations officielles publiées par le Réseau des nouvelles des marchés (RNM), service dépendant de l'établissement public FranceAgriMer, office agricole sous tutelle du ministère de l'Agriculture et de l'Alimentation. Les données du RNM permettent de connaître précisément l'évolution et le niveau des prix à cinq stades de la commercialisation : production, expédition, import, prix de gros et prix en rayon. À partir de ces chiffres, l'UFC-Que choisir a observé, en 2019, sur un échantillon de vingt-quatre fruits et légumes, un niveau des marges brutes sur le bio en moyenne 75 % plus élevé qu'en conventionnel. À la suite de la publication de la première enquête de l'UFC-Que choisir, en 2017, certains acteurs de la grande distribution ont réagi en faisant valoir que le taux de marge moyen qu'ils appliquent sur les fruits et légumes est quasiment le même pour les produits conventionnels que pour les produits bios. « *Oui, mais les produits bios étant plus chers, mécaniquement, la marge réalisée à partir d'un même taux s'accroît*, commente Olivier Andrault. *D'autre part, cette marge moyenne mise en avant par les distributeurs*

7. UFC-Que choisir, « Fruits et légumes bio en grande surface. Une consommation freinée par une offre indigente et des marges indigestes », 29 août 2017 ; *id.*, « Sur-marges sur les fruits et légumes bio. La grande distribution matraque toujours les consommateurs ! », 22 août 2019

masque de très fortes disparités selon les produits. Ce sont sur les plus consommés qu'ils margent le plus. » Selon l'enquête publiée par l'association en 2019, si le niveau de marge en bio est équivalent au conventionnel pour l'oignon, l'ail ou la carotte, en revanche, sur les trois fruits et légumes les plus consommés (la pomme de terre, la tomate et la pomme), les marges brutes sont respectivement 83 %, 109 % et 149 % supérieures au conventionnel. En s'arrêtant sur le cas de la pomme, les auteurs de l'étude observent que, si le kilo de pommes bios coûte 74 centimes de plus que celui de pommes conventionnelles au sortir du verger, cet écart de prix atteint 2,15 euros en magasin, avec, pour conséquence, un prix en rayon double pour le bio par rapport au conventionnel. Une situation d'autant moins acceptable, estime l'UFC-Que Choisir, « *qu'à ce jour, la grande distribution n'a produit aucun élément chiffré permettant de justifier une différence dans les frais de distribution entre le bio et le conventionnel (manutention, stockage, mise et pertes en rayon, etc.)*[8] ».

Marketing

« *Le bio est un produit valorisé qui trouve un public militant ou ayant un fort pouvoir d'achat, donc les industriels comme les distributeurs en profitent pour réaliser une plus grande marge*[9] », explique un cadre d'une chaîne de supermarchés qui a souhaité garder l'anonymat. Néanmoins, face aux préoccupations croissantes – « *qui ne sont plus seulement celles des foyers au pouvoir d'achat élevé* », précise-t-il –

8. UFC-Que choisir, « Sur-marges sur les fruits et légumes bio... », art. cit.
9. Entretien avec l'auteur, juillet 2021.

des consommateurs pour leur santé et pour l'environnement, les grandes surfaces doivent proposer des garanties. « *Le bio restera une niche*, considère notre interlocuteur. *C'est le conventionnel qui va s'adapter à ces exigences. Nous estimons que chacune de nos marques propres devra, à l'avenir, porter au moins une signalétique, quelle qu'elle soit : "sans nitrite", "zéro résidu de pesticide" (ZRP), "bio", "emballage recyclable"*, etc. » Une approche essentiellement marketing qui laisse songeur.

« *Tout est subtilité avec l'agroalimentaire*[10] », prévient Yuna Chiffoleau, qui constate que les industriels et les distributeurs ont déjà commencé à s'adapter aux nouvelles normes sociales, mais à leur manière. Elle cite l'exemple d'une marque de jambon qui propose des produits sans nitrite « *lors de la conservation* ». « *Cela signifie qu'il peut y avoir eu du nitrite en amont dans la chaîne de production, mais il n'y en a pas eu à la fin* », explique-t-elle. Ce type de nuances concerne aussi des produits étiquetés comme étant « régionaux » ou « français ». « *Quand on regarde de plus près*, dit-elle, *on se rend compte qu'ils sont en réalité transformés dans la région ou dans le pays, alors que le consommateur imagine qu'ils y sont produits* ». Ce dernier achète finalement « *un produit issu du modèle agro-industriel, avec des matières premières agricoles qui ne sont pas d'origine française* ». Elle y voit une certaine forme de tromperie : « *Les clients ont l'impression de soutenir l'agriculture locale. En fait, ils soutiennent l'industrie agroalimentaire.* »

La chercheuse souligne aussi la confusion entretenue dans l'esprit des consommateurs entre le local et le bio :

---

10. Entretien avec l'auteur, novembre 2022.

« *Quand ils achètent en circuit court dans les grandes surfaces, beaucoup ont l'impression que c'est issu de l'agriculture biologique, ou presque.* » Pourtant, c'est rarement le cas. Notamment parce que les grandes surfaces appliquent la norme commerciale « zéro défaut » qui vise à écarter les fruits et légumes qui ne sont pas calibrés, qui ne présentent pas bien. « *Du coup, les producteurs locaux qui les fournissent sont obligés d'utiliser des produits phytosanitaires* », explique Yuna Chiffoleau. Résultat, aujourd'hui, la plupart des fruits et légumes en circuit court vendus dans les supermarchés « *sont chers et, en plus, ont reçu des pesticides* ».

Faire changer les pratiques

Faut-il renoncer à miser sur la grande distribution pour favoriser l'accès de tous à une alimentation saine et durable ? « *Je ne pense pas, car elle est utile et bien organisée*, répond Yuna Chiffoleau, persuadée qu'on peut faire changer les pratiques des enseignes. *On pourrait très bien imaginer qu'elles margent moins sur certains produits. C'est d'ailleurs ce qu'elles ont fait face à l'inflation, fin 2022, en bloquant les marges sur certains produits de base*[11]. » Pour l'UFC-Que choisir, une baisse des marges des grandes surfaces sur le bio augmenterait le nombre de consommateurs (ce qui compenserait, au final, la marge moindre effectuée sur chaque produit), et permettrait de développer la filière en garantissant davantage de débouchés aux agriculteurs. L'association parle d'un « *cercle vertueux* ».

11. Entretien avec l'auteur, novembre 2022.

Yuna Chiffoleau repense aussi à l'opération « Fruits et légumes moches[12] » lancée par Intermarché en 2014 dans le cadre de la lutte contre le gaspillage. « *C'était mal pensé*, juge-t-elle. *Car c'était stigmatisant à la fois pour les produits et pour les consommateurs.* » L'exigence « zéro défaut » n'étant pas réglementaire mais commerciale, on pourrait convaincre les distributeurs de la faire sauter, se dit-elle, et faire en sorte que les « légumes moches » deviennent la norme « *plutôt qu'un mini-rayon avec "pour les pauvres" qui clignote au-dessus* ».

Pour faire évoluer les pratiques de la grande distribution, la chercheuse mise sur la pression exercée par les clients, *via* des applications mobiles telles Yuka, « *très utilisée par les familles modestes avec qui je travaille* », dit-elle, ou les associations de consommateurs comme l'UFC-Que choisir. Avec cette dernière, Yuna Chiffoleau a mis en place, à Clermont-Ferrand, un groupe de travail réunissant des consommateurs et des acteurs de la grande distribution. L'idée : expérimenter un système de contrôle effectué par les consommateurs sur les contrats passés entre distributeurs et producteurs locaux. Une manière de veiller à la bonne qualité des produits et aussi de protéger les intérêts des petits agriculteurs dans le rapport de force inégal qui les oppose aux grandes surfaces.

Pour le Réseau Action Climat, qui fédère des associations impliquées dans la lutte contre le dérèglement climatique et pour la transition écologique, un changement de paradigme au sein de la grande distribution est indispensable au regard de la position de force qu'occupe cette dernière dans le système

---

12. Julie Delvallée, « Les premières photos du rayon des fruits et légumes moches chez Intermarché », lsa-conso.fr, 21 mars 2014.

alimentaire. Dans une étude [13] publiée en février 2023, le réseau souligne « [le] *pouvoir d'influence considérable* [des enseignes] *sur les pratiques de leurs fournisseurs* [et ainsi leur] *responsabilité quant aux impacts écologiques et sociaux des produits alimentaires qu'elles commercialisent* ». D'autant plus, précisent-ils « *qu'environ la moitié des produits qu'elles vendent sont des produits de marque de distributeur, dont elles contrôlent intégralement le cahier des charges* ». Les auteurs de l'étude estiment également que le niveau de rémunération des agriculteurs, et la possibilité pour ces derniers d'engager une transition vers des pratiques agricoles durables, « *dépend donc étroitement de la politique de contractualisation des enseignes de la grande distribution* ». Si ces dernières s'engageaient auprès des producteurs, dans le cadre d'achats directs ou impliquant un industriel de l'agroalimentaire, sur des contrats pluriannuels garantissant des volumes et des prix d'achat, cela favoriserait par exemple « *la conversion et le maintien des éleveurs en élevage biologique* », pensent-ils.

Pour certains observateurs, le fait que la grande distribution n'ait pas « démocratisé » l'accès à une alimentation saine et durable est plutôt un mal pour un bien, car cela a permis à d'autres systèmes alimentaires de se développer, régis par des règles différentes de celles de l'industrie agroalimentaire, comme la juste rémunération des producteurs, l'instauration d'un lien direct et d'une solidarité entre agriculteurs et consommateurs, etc. Mais, si elles répondent à une problématique de consommation éthique et durable, ces initiatives ont plus de difficulté à intégrer la question de l'accessibilité.

---

13. Réseau Action Climat, « Alimentation et climat. L'heure des comptes pour les supermarchés. Évaluation des enseignes et recommandations pour les pouvoirs publics », reseauactionclimat.org, février 2023.

Chapitre 10

L'accessibilité, angle mort des systèmes alimentaires alternatifs ?

L'idée de la première Amap française a germé... à New York, au hasard d'une conversation. Denise Vuillon, à l'origine du premier panier, garde un souvenir intact de ce moment. C'était fin décembre 1999. Elle et son mari Daniel, tous deux agriculteurs dans le Sud de la France, sont alors aux États-Unis pour voir leur petit-fils né peu de temps auparavant. Ce soir-là, leur fille, engagée dans une association d'aide alimentaire, les avait emmenés à une distribution de repas pour les personnes sans abri. « *J'étais en train de préparer des sandwichs avec une dame, lorsque celle-ci m'a demandé ce que je faisais dans la vie*[1] », se souvient Denise. Quand cette dernière répond qu'elle est agricultrice, Sheila, la bénévole new-yorkaise, semble intéressée. Elle explique alors qu'elle est membre d'une Community Supported Agriculture (CSA), un groupe de consommateurs qui souscrit un abonnement auprès de petits paysans pour se faire livrer des

1. Entretien avec l'auteur, novembre 2022.

produits bios. Ce que décrit Sheila intrigue Denise et Daniel. Ils ont envie d'en savoir plus. Les jours suivants, leur fille les emmène visiter des fermes d'agriculteurs qui fournissent des CSA. Le couple est touché par la solidarité qui s'illustre dans ce pacte passé entre clients et producteurs.

Si le concept séduit Daniel et Denise, c'est qu'eux-mêmes sont à un tournant. En France, les affaires vont mal. « *Nous étions à deux doigts de mettre la clé sous la porte* », assurent-ils. L'histoire d'une lente dégringolade. Lorsqu'en 1973 Daniel et son frère lancent une culture maraîchère à côté de l'exploitation familiale, à Ollioules, dans la campagne toulonnaise, cela fonctionne plutôt bien. Ils vendent leurs produits principalement sur le marché de La Seyne-sur-Mer où les chantiers navals emploient à l'époque 5 000 salariés. Puis survient l'implantation d'un premier supermarché Mammouth[2]. À partir de là, « *les gens venaient moins au marché, surtout les jeunes qui travaillaient et faisaient leurs courses à la grande surface le vendredi soir.* » En 1983, Daniel se reconvertit dans le demi-gros et approvisionne les supérettes et hypermarchés du coin en fruits et légumes de saison. « *C'était compliqué, ça prenait du temps*, se souvient-il. *Je devais négocier chaque jour le prix de la salade. On sentait, derrière, la concurrence des centrales d'achats qui tiraient les prix vers le bas.* » L'été 1991 marque un premier point de rupture. Les grandes surfaces à qui Daniel vend une tonne de tomates par jour ne souhaitent plus de tomates cultivées en plein champ. Ils rompent le contrat et exigent désormais des tomates cultivées hors sol et sous serre qui répondent à leurs critères de commercialisation en termes de taille, de couleur et de

2. L'enseigne n'existe plus depuis 2009.

conservation. « *Dans notre région ensoleillée, c'était absurde. Ça m'a gonflé, j'ai refusé* », raconte le maraîcher. Pour pouvoir vivre il continue de les fournir en laitues (« *Un million de têtes de salade par an* »), mais réduit drastiquement l'approvisionnement en autres fruits et légumes. « *Je me disais qu'il fallait trouver un moyen de sortir de cette dépendance.* » Il diversifie sa production, allant même jusqu'à planter des espèces rares, retourne sur le marché et creuse la piste de la grande gastronomie, avec le soutien du chef Alain Ducasse. Mais ce n'est pas suffisant. À l'approche de l'année 2000, la situation financière de l'exploitation est critique. En dix ans, le maraîcher n'a pas réussi à faire augmenter le prix de ses salades auprès des supermarchés : « *Eux avaient doublé le poids minimum requis par laitue. Toutes celles qui ne l'atteignaient pas étaient refusées, j'avais beaucoup de pertes.* » Sur le marché local, les ventes sont très moyennes. Et la grande gastronomie reste une niche, qui plus est aléatoire : « *Les chefs étaient surtout à la recherche de très bonne qualité pour les fruits et légumes d'été. C'était plus difficile de se démarquer l'hiver sur le chou, la pomme de terre ou la carotte.* » Plus globalement, dans les années 1990, le contexte en France n'est pas bon pour la production maraîchère méridionale. Les importations d'Espagne et du Maroc créent une forte concurrence[3].

De retour des États-Unis, Daniel et Denise continuent de se documenter. Leur fille, qui s'était également renseignée sur le *teikei*, un système précurseur des CSA au Japon, leur

3. Robert Brun, Jean-Marie Codron, *L'Explosion des productions légumières en Espagne. Une concurrence certaine pour les serristes français*, Montpellier, Inra, coll. « Études et recherches », 1984.

traduit toute la littérature qu'elle trouve sur le sujet. Début février 2001, ils profitent d'une soirée sur le thème de la malbouffe organisée à Aubagne par un de leurs amis, syndicaliste comme eux à la Confédération paysanne et militant du mouvement Attac, pour présenter leur projet. « *Les personnes qui étaient présentes n'ont pas été difficiles à sensibiliser*, se souvient Denise. *Nous étions en pleine crise de la vache folle, c'était le pic de l'insécurité alimentaire. On nous disait :* "Qu'est-ce que vous nous faites manger, les paysans ?" » Un noyau de consommateurs se forme autour d'eux, peu à peu rejoints par d'autres, et un local est trouvé pour distribuer les paniers. Ainsi naît, en 2001, l'Amap des Olivades, première du genre en France. Le modèle fait rapidement des émules. Au fil des ans, d'autres Amap se montent un peu partout en France, avec l'accompagnement de Daniel et Denise sur la base de leur expérience, et se structurent en réseaux régionaux.

Si la dynamique est novatrice, elle ne sort pas de nulle part. Certes, l'avènement de l'agro-industrie, à partir des années 1960, se traduit par la disparition massive de petites exploitations et par la « modernisation » d'autres, plus grandes, qui se mécanisent, investissent dans les intrants chimiques et les variétés hybrides. Mais une agriculture vivrière subsiste, malgré tout, en s'appuyant sur la vente directe à la ferme ou à des commerçants de détail locaux. Certains de ces petits agriculteurs s'inscrivent dans une démarche militante à travers les luttes paysannes auxquelles se joignent des néoruraux qui promeuvent un retour à la nature. Si ces résistants à l'industrialisation de l'agriculture ne suffisent pas à constituer une alternative au système alimentaire dominant, ils composent, néanmoins, un terreau fertile au renouveau des circuits courts qui va s'opérer au début des années 2000[4]. À cette époque, le combat militant prend de l'ampleur. Le démontage du McDonald's de Millau, en août 1999, par des membres de la Confédération paysanne pour protester contre la malbouffe, est fortement médiatisé. Et en 2001, à l'occasion du premier forum social de Porto Alegre, le mouvement paysan Via Campesina, créé huit ans plus tôt, lance un appel international à s'unir pour lutter contre les organismes génétiquement modifiés (OGM). La crise de la vache folle et la défiance qu'elle engendre chez de nombreux consommateurs vis-à-vis de l'industrie agroalimentaire élargit considérablement l'audience de ces initiatives qui proposent de sortir de l'agriculture intensive et des filières longues. La renaissance du modèle des circuits courts, il y a vingt ans, est ainsi le fruit à la fois d'une « *contestation du modèle agro-industriel* » et d'un « *besoin de réassurance au regard de préoccupations personnelles*[5] », analyse Yuna Chiffoleau.

Mais ce n'est pas tout. La chercheuse observe également un troisième facteur qui explique ce phénomène : la nécessité pour des producteurs et des productrices non militant·e·s ou leurs conjoint·e·s de « *résister aux crises économiques et au mal-être généré par l'évolution de leur métier* » ou, pour les nouveaux, de « *faire face aux difficultés d'intégration dans le milieu agricole* ». C'était le cas de Denise et Daniel Vuillon, comme celui de nombreux autres.

Maraîchers à Couffé, à côté de Nantes, depuis 1988, Thierry Moreau et son beau-frère Didier Richard ont été les

4. Yuna Chiffoleau, *Les circuits courts alimentaires. Entre marché et innovation sociale*, Toulouse, Érès, coll. « Sociologie économique », 2019.
5. *Idem*.

premiers en Loire-Atlantique à se convertir à l'agriculture biologique. C'était en 2008. Le maraîchage bio existait déjà dans le département, il avait débuté sept ou huit ans auparavant, mais c'était exclusivement des « néomaraîchers », installés dans le but précis de faire du bio et de la vente directe. Thierry et Didier, eux, s'y sont mis parce que leur petite exploitation de 10 hectares ne faisait plus le poids dans le marché conventionnel. « *En quelques années, la plupart de nos répartiteurs*[6] *au MIN* [(marché d'intérêt national)] *de Nantes ont été rachetés par des grands groupes*, expliquent-ils. *C'est devenu plus difficile de travailler avec eux. Les centrales d'achats préfèrent se fournir auprès des gros producteurs ou coopératives*[7]. » Et puis, il y avait la question de la succession. Ils savaient que lorsqu'ils voudraient arrêter, leur ferme serait trop petite pour être reprise par un maraîcher conventionnel. La vente directe, notamment avec les Amap, représentait alors la seule alternative. Et « *pour rentrer dans ce circuit, vu la clientèle, il fallait qu'on se mette au bio* », relatent les deux beaux-frères. Le changement a été radical pour ces maraîchers intensifs qui, depuis 1995, ne produisaient plus que de la batavia et du persil.

La vente en circuit court ne prend pas forcément la forme d'une Amap. « *La plupart du temps, ce sont des ventes à la ferme ou sur les étals des marchés* », précise Yuna Chiffoleau. Et l'agriculture biologique ne fait pas toujours partie du cahier des charges. Néanmoins, en choisissant d'investir ce marché, les producteurs doivent souvent apporter des garanties aux consommateurs, dont beaucoup associent « local » et

---

6. Intermédiaires entre le producteur et les restaurateurs ou distributeurs.
7. Entretien avec l'auteur, décembre 2009.

« durable ». « *Quand ils poussent la porte de nos lieux de vente, les gens espèrent trouver des produits locaux, mais aussi une qualité un peu plus importante que dans un magasin lambda*[8] », confirme Géry Lootvoet, éleveur de porcs, qui a ouvert en 2008 puis en 2018, dans le Nord et le Pas-de-Calais, deux espaces collectifs de vente directe, avec une quinzaine d'autres agriculteurs du territoire. « *Et nous, nous devons justifier nos prix qui, malgré l'absence d'intermédiaires, du fait de nos faibles volumes et de l'absence d'économie d'échelle, sont légèrement supérieurs au prix moyen qu'on va trouver dans un rayon de grande surface* », poursuit-il.

S'il devait définir la clientèle des deux magasins, Géry Lootvoet dirait « *locale, ce sont les personnes du voisinage ; plutôt âgée, même si on essaye d'attirer davantage les jeunes, les trentenaires ; et socialement assez mixte* ». L'agriculteur convient néanmoins ne pas toucher les ménages les plus modestes : « *Ce serait pourtant satisfaisant. On aurait l'impression de vraiment servir la population locale dans son entier. Et en même temps, on se sent un peu démuni. On a déjà tellement à faire, à déployer d'énergie pour réussir à faire tourner le truc.* »

De fait, la question de l'accessibilité pour les personnes précaires n'a jamais été au cœur du développement d'une offre alternative à l'agro-industrie, guidée avant tout par des motivations sanitaires, écologiques et économiques. « *Lorsqu'on a lancé les Amap, la première solidarité était celle avec les paysans*, rappelle Denise Vuillon. *On ne pouvait pas leur demander de trouver une solution pour les plus démunis vu qu'eux-mêmes en faisaient partie.* » Au début des années 2000, près d'un quart des producteurs vivent en effet

---

8. Entretien avec l'auteur, octobre 2022.

en dessous du seuil de pauvreté, presque la moitié des ménages agricoles dégagent un revenu inférieur au Smic et, si l'on dénombre peu de RMIstes, beaucoup d'exploitations survivent dans des conditions misérables. Cette réalité et le mal-être qu'elle génère s'observent alors dans le taux de suicide des agriculteurs, presque deux fois supérieur à la moyenne nationale[9].

Plus récemment, lorsque les projets alimentaires territoriaux (PAT) sont lancés au milieu des années 2010, dans le cadre de la Loi d'avenir pour l'agriculture, là encore, rares sont ceux qui incluent une dimension sociale dans leur démarche. Ces projets, élaborés par des acteurs du territoire (collectivités, entreprises agricoles et agro-alimentaires, artisans, citoyens, etc.) et soutenus par le gouvernement, ont avant tout pour objectif de relocaliser l'agriculture et l'alimentation en soutenant l'installation d'agriculteurs, les circuits courts ou les produits locaux dans les cantines.

Ainsi, longtemps, la question de l'insécurité alimentaire et de l'accès de tous à une alimentation de qualité est restée un angle mort des alternatives au marché conventionnel. Mais les choses sont en train d'évoluer, surtout depuis la prise de conscience occasionnée par la crise du Covid-19. En 2022, la lutte contre la précarité alimentaire est entrée officiellement dans les objectifs des PAT. Et entre 2020 et 2022, le nombre de ces projets qui intègrent une dimension « justice sociale » est passé de moins d'une centaine à plus de quatre cents. *« Beaucoup de citoyens ou d'élus ont été sensibles aux situations révélées lors du premier confinement, et depuis, ils veulent faire*

9. Yuna Chiffoleau, *Les circuits courts alimentaires...*, *op. cit.*

quelque chose[10] », confirme Marie-Christine Bajard, directrice économie, emploi, insertion, et en charge des politiques alimentation au conseil départemental de la Drôme. Le levier privilégié aujourd'hui par les collectivités territoriales est la restauration collective scolaire, en faisant en sorte d'y introduire de plus en plus de produits locaux et durables. Des solutions se développent, également, dans le cadre de ces PAT, à destination des usagers de l'aide alimentaire, qui consistent à favoriser le lien entre des producteurs du territoire et des associations caritatives. La difficulté reste de toucher les « invisibles », ces nombreux ménages en situation d'insécurité alimentaire peu identifiables car « fondus » dans la population. « *Pour eux*, explique Marie-Christine Bajard, *on va s'appuyer sur des initiatives citoyennes, en soutenant des projets comme la création d'un groupement d'achats ou d'une épicerie coopérative dans un village de 200 habitants où il n'y a aucun commerce. On va alors s'assurer qu'il y a dans cette démarche une attention portée aux publics précaires, avec, par exemple, un tarif réduit d'adhésion.* »

Si elle voit d'un bon œil cette dynamique novatrice, Yuna Chiffoleau invite aussi les élus à s'appuyer sur les circuits courts traditionnels : « *Il faut réinvestir les marchés de plein vent, y mettre plus de producteurs locaux et les faire connaître. Idem pour les ventes à la ferme qu'il faudrait rendre plus visibles et dont il faut faciliter l'accès, peut-être en créant des points de retrait... Parce que là, on a des prix qui sont très intéressants et une clientèle déjà beaucoup plus mixte que dans les Amap, les groupements d'achats urbains ou les magasins coopératifs*[11]. »

---

10. Entretien avec l'auteur, novembre 2022.
11. *Idem*.

Solidarité entre consommateurs

Des initiatives de solidarité existent dans certaines structures de vente directe, comme des paniers solidaires disponibles gratuitement ou à un prix symbolique, à destination de ménages accueillis par des associations caritatives ou des CCAS, ou des paniers « suspendus »[12], auxquels les clients de magasins de producteurs peuvent contribuer. Aux États-Unis, cette solidarité entre consommateurs est davantage « institutionnalisée ». De nombreux CSA proposent des tarifs différenciés selon les ressources des ménages. « *Dans celle que nous avons visitée à New York, ils avaient calculé le revenu moyen des adhérents, et ceux qui étaient bien plus au-dessus payaient plus cher que les autres pour financer des prix réduits réservés aux ménages modestes* », raconte Daniel Vuillon. Un modèle qui fait son chemin en France, depuis quelques années, notamment depuis l'inscription, en 2014, dans la charte des Amap, de l'accessibilité « *au plus grand nombre* » d'une « *alimentation de bonne qualité gustative, sanitaire et environnementale* », comme principe fondamental. « *Des travaux ont été réalisés sur la sociologie des Amap, on connaît notre réputation d'entre-soi de CSP +*, sourit Bénédicte Pelloux-Prayer, animatrice du réseau Amap Auvergne - Rhône-Alpes. *Beaucoup d'amapiens, consommateurs comme producteurs, veulent faire évoluer cet état de fait. D'autant que la justice sociale fait partie des enjeux de la transition écologique*[13]. »

---

12. En plus de ce qu'ils achètent pour leur propre consommation, les clients du magasin achètent un ou plusieurs produits destinés à garnir un panier qui sera remis à une personne en précarité.
13. Entretien avec l'auteur, décembre 2022.

Certaines initiatives ont été éphémères, d'autres perdurent, de nouvelles continuent de se lancer. Ces dernières années, plusieurs dizaines d'Amap ont mis en place des tarifs différenciés. Dans le quartier La Guillotière, à Lyon, l'AMAPopote le fait depuis sa création, en 2009. En 2021, pour un prix fixe de 15 euros payé au producteur de légumes (pour un panier familial hebdomadaire), l'association propose un tarif plein de 16,50 euros ou un « tarif solidaire » de 12,50 euros. Pour bénéficier de ce dernier, une simple déclaration suffit, inutile de fournir de justificatif. D'autres Amap se basent sur le quotient familial, ou encore sur un calcul du « reste pour vivre » du ménage, une fois toutes les charges (loyer, factures, abonnements, carburant, etc.) payées. « *12,50, c'est encore trop cher pour être accessible à beaucoup de familles* », admet Bénédicte Pelloux-Prayer. Pour pouvoir réduire davantage leurs tarifs solidaires, certaines Amap organisent des événements afin de récolter de l'argent, ou mettent en place en interne une caisse commune approvisionnée sur la base du volontariat. Dans les Yvelines, plusieurs d'entre elles, conscientes des disparités économiques et sociales dans le département, qui se répercutent dans les profils sociologiques représentés au sein de leurs associations, ont décidé de mutualiser leurs moyens en créant une caisse commune départementale.

Cette dynamique, qui vise à toucher un public plus large, en s'ouvrant notamment aux ménages modestes, monte en puissance, surtout depuis 2020. Elle reste encore minoritaire à l'échelle des 2 200 Amap qui existent actuellement en France. « *Le sujet de l'accessibilité est un sujet complexe qui demande un temps de maturation*[14] », explique Magali

14. Entretien avec l'auteur, décembre 2022.

Jacques, animatrice de projet au Mouvement inter-régional des Amap (Miramap). Pour Yuna Chiffoleau, si ce modèle très développé aux États-Unis a plus de mal à prendre forme en France, c'est qu'il existe trois différences notables entre les deux territoires. D'abord, le contexte n'est pas le même, souligne-t-elle : « *Aux États-Unis, il n'y a pas d'État providence, tout est beaucoup plus pris en charge par les communautés locales*[15]. » Ensuite, un tabou demeure en France autour de la question des revenus : « *Il y a une difficulté à déclarer ce qu'on gagne. Et savoir comment on fait pour décider qui a droit aux prix différenciés pose des problèmes éthiques, on n'a pas l'habitude.* » Enfin, il y a un problème d'échelle : « *Les CSA réunissent des centaines de familles, parfois jusqu'à 600. En France, une Amap rassemble plutôt quelques dizaines de familles. Instaurer des prix différenciés avec 40 adhérents fait peser beaucoup plus financièrement sur chaque consommateur "solidaire" que lorsqu'on est 300 ou 600.* »

En instaurant des mécanismes pour rendre accessibles leurs produits aux ménages précaires, les initiatives en circuits courts pourraient avoir un rôle à jouer dans la lutte contre la précarité alimentaire. Néanmoins, de petite taille et très localisées, elles semblent trop limitées pour garantir un accès massif à une alimentation saine et durable. « *Ce qui leur manque souvent pour se développer*, analyse Olivier De Schutter, *c'est la logistique intermédiaire qui permet au consommateur d'avoir une gamme plus grande de choix et d'acheter moins cher, sans pour autant léser l'agriculteur, grâce à certaines économies d'échelle*[16]. »

---

15. Entretien avec l'auteur, novembre 2022.
16. Entretien avec l'auteur, septembre 2022.

Obstacle culturel

En cofondant La Louve dans une zone populaire du 18e arrondissement de Paris, Tom Boothe voulait s'inspirer de ce qui fait l'utilité des grandes surfaces : « *Un lieu unique où tu peux trouver tout ce dont tu as besoin. C'est indispensable pour des personnes qui, entre le boulot et les enfants, n'ont pas le temps de faire chaque semaine le tour des petits commerces pour s'approvisionner*[17]. » Ce supermarché coopératif, qui comptait en 2022 5 000 coopérateurs actifs, a l'ambition de proposer de bons produits, dont des fruits et légumes bios, moins chers qu'ailleurs : « *Notre idée, notamment en s'installant dans un quartier comme celui-ci, était d'élargir au maximum l'accès à une alimentation de qualité.* » Leur modèle pour y arriver : une masse salariale réduite grâce à la participation bénévole des coopérateurs au fonctionnement du magasin, pas de frais de marketing ni de publicité, pas d'actionnaires à rémunérer, et des volumes importants qui permettent de négocier les prix sur certains produits.

Une stratégie qui rejoint sur certains points celle imaginée par les créateurs du magasin en ligne La Fourche, qui propose sur Internet des produits bios et éthiques à prix réduits. « *Notre système d'adhésion nous permet de ne pas être dans la publicité permanente pour susciter l'acte d'achat, donc on économise en coût marketing*, explique Lucas Lefebvre, l'un des fondateurs. *Par ailleurs, en travaillant avec un nombre réduit de marques – deux au lieu de dix sur un produit –, on réduit nos coûts de logistique et on augmente*

17. Entretien avec l'auteur, novembre 2021.

les volumes d'achat chez les fournisseurs et donc notre marge de négociation[18]. »

Comme Tom Boothe, Lucas Lefebvre évoque une démarche militante, sociale et environnementale. En essayant de rendre le bio « *accessible au plus grand nombre* », il veut contribuer à la transition écologique et agricole. Néanmoins, les deux hommes conviennent d'un effet de seuil, principalement lié au fait que « *les produits bios et équitables coûteront toujours plus chers que ceux issus du système agroalimentaire conventionnel* ».

Par-delà le frein financier, le cofondateur de La Louve évoque aussi un obstacle culturel difficile à dépasser malgré la volonté de créer un lieu de mixité sociale. « *Il ne faut pas que notre projet ressemble trop à ce que nous sommes, sinon ça devient un club* », reconnaît-il. Pas évident néanmoins de proposer une gamme de produits suffisamment variée pour que tout le monde s'y retrouve, ou un environnement et un fonctionnement suffisamment neutres pour que chacun s'y sente à l'aise. « *Nous sommes quelque part confrontés aux fractures de la société française* », analyse Tom Boothe.

Yuna Chiffoleau a pu constater au cours de ses travaux l'impression d'élitisme que dégagent la plupart des propositions d'offre alternative à l'industrie agroalimentaire, et qui explique en partie la difficulté de celles-ci à toucher les ménages en situation de précarité : « *Les familles pauvres disent :* "Ce n'est pas pour moi, ce n'est pas mon monde" », observe la sociologue. Il y a un biais, selon elle, dans le fait que ces initiatives ont souvent d'abord été pensées entre gens

18. Entretien avec l'auteur, décembre 2021.

éduqués et plutôt favorisés, puis ont voulu s'ouvrir à d'autres publics. « *Mais c'est trop tard*, considère-t-elle. *Elles sont trop marquées socialement.* »

Des exceptions existent. Yuna Chiffoleau cite le cas d'une épicerie créée en 2010 à Saint-Nazaire, en Loire-Atlantique. Un lieu pensé dès le départ avec la volonté de permettre un accès à des personnes précaires. À l'initiative de ce projet, « *des gens un peu fragiles socialement qui connaissent la précarité et l'isolement car ils l'ont eux-mêmes vécu* », explique la sociologue qui a suivi la démarche. C'est un magasin de 100 mètres carrés où se côtoient des produits d'entrée de gamme, provenant de centrales d'achats ou de grossistes, et des denrées de meilleure qualité fournies par une trentaine de producteurs et d'artisans locaux, en circuits courts, en bio ou en raisonné. Une épicerie de proximité « *normale* », mais qui propose un espace d'échanges et des animations régulières pour susciter la rencontre, et dont un tiers de la clientèle est constitué de personnes en situation de précarité aiguillées vers le lieu par le CCAS ou par des travailleurs sociaux. Ces clients bénéficient de tarifs moins élevés et/ou d'un crédit d'achat pris en charge par le CCAS. « *Ce type rare d'épiceries solidaires est intéressant*, considère Yuna Chiffoleau, *car il ne s'inscrit pas dans les circuits de l'aide alimentaire classique.* »

Chapitre 11

Une alimentation saine et durable accessible aux ménages précaires : l'impossible viabilité économique

Comment permettre l'accès de tous à une alimentation saine et durable ? Cette question traverse aussi le monde de l'action sociale. Depuis quelques années, des initiatives naissent en ce sens, qui sont parfois le fruit d'une remise en question de la part d'acteurs traditionnels de l'aide alimentaire.

Jusqu'à sa fermeture en mars 2020 suite à la pandémie de Covid-19, l'épicerie sociale tenue par le Secours Catholique à Montpellier tournait bien. Les rayons approvisionnés par la Banque alimentaire étaient fournis, et une cinquantaine de personnes et familles venaient chaque semaine remplir leur cabas. Pourtant, l'équipe bénévole qui gérait le lieu n'était pas totalement satisfaite. « *On ressentait qu'il y avait beaucoup de gaspillage* [1] », raconte Sonia Ghedjati, l'une des bénévoles.

1. Entretien avec l'auteur, janvier 2021.

Une étude effectuée pendant six mois autour du flux des produits vient confirmer cette impression. « *Plus de 40 % des denrées qu'on nous donnait restaient sur les étals*, explique Sonia. *Surtout des boîtes de conserve, des fruits et légumes, de la viande.* » La question de l'adéquation entre l'offre et les besoins des adhérents se pose alors. Et lorsque survient la crise du Covid, qui contraint l'association à fermer les locaux pendant de longs mois, l'équipe sait déjà qu'elle ne reprendra pas l'activité comme avant. « *Ne pas avoir de maîtrise sur les produits, la qualité et la quantité, est problématique*, observe Geneviève Silberstein, responsable bénévole du lieu. *On ne voulait plus dépendre des invendus des supermarchés*[2]. »

Malgré la fermeture de l'épicerie, le lien est maintenu avec une vingtaine d'adhérents. Consultés par les bénévoles, ces derniers évoquent leur rapport à l'alimentation, à la cuisine, leurs goûts et habitudes alimentaires, leurs contraintes pratiques et financières. « *L'importance de l'alimentation pour la santé, et notamment l'inquiétude ressentie vis-à-vis des pesticides sont beaucoup ressorties lors de ces entretiens* », relate Geneviève Silberstein. Pour répondre à ces préoccupations, mais aussi pour des « *raisons éthiques* », l'équipe du Secours Catholique a décidé d'essayer de se passer de la Banque alimentaire, de s'orienter vers « *des produits plus qualitatifs – pas de boîtes de conserve par exemple – et si possible issus d'une agriculture durable* », et de plutôt privilégier les circuits courts. Quand on entame ce type de démarche, observe la responsable de l'épicerie, « *on se confronte vite à certaines questions : où trouver des producteurs et des grossistes pour nous fournir toutes les semaines ? Il y a peu d'offres. Et puis, au regard des prix, comment trouver un équilibre financier ?* »

2. Entretien avec l'auteur, janvier 2021.

Cette réflexion, un collectif d'associations brestoises distributrices d'aide alimentaire l'a entamée en 2015, soutenu par la municipalité et par le conseil départemental du Finistère. Elle a donné lieu à l'ouverture en 2021 de l'épicerie solidaire interassociative de Quizac, dans le quartier populaire de Bellevue. Comme à Montpellier, l'envie de départ était d'arrêter de faire le tour des supermarchés pour récupérer les invendus, proches de la date de péremption ou abîmés. « *D'autant plus que la grande distribution a trouvé d'autres débouchés pour ces produits, notamment à travers les rayons premiers prix. Donc il ne reste vraiment pour les associations que le fond du panier*[3] », observe Claude Bellec, conseillère municipale (PCF) et administratrice de l'épicerie. Il y avait également, dans l'esprit des participants à cette démarche, la volonté de proposer aux usagers une offre qui leur permette de choisir « *une alimentation saine et durable, des produits qui sont souvent hors de prix dans le commerce* ». Car la plupart des personnes qui recourent à l'aide alimentaire souhaitent « *se nourrir le mieux possible* », observe l'élue, même si cela n'est pas possible pour elles financièrement. « *Souvent, on entend* "J'aimerais bien, mais je ne peux pas me le permettre". *À partir du moment où l'on donne accès à une alimentation de meilleure qualité, beaucoup vont se tourner vers ces produits.* » Claude Bellec constate néanmoins que certains ménages ont intériorisé « *l'injustice sociale, en partant du principe que le bio, le local, ce n'est pas pour eux. Il faut aussi libérer les esprits* ».

Tout en s'approvisionnant auprès de la Banque alimentaire, l'épicerie solidaire de Quizac se fournit aussi chez Biocoop, enseigne spécialisée dans la vente de produits

3. Entretien avec l'auteur, juillet 2021.

bios, par le biais de collectes alimentaires ou d'achats directs. Pour la viande et le poisson, elle achète « local » chez le spécialiste breton du surgelé Écomiam. Concernant les fruits et légumes, « *pour l'instant, cela reste ponctuel, on se fournit notamment auprès de jardins d'insertion* », précise Alice Goulaouic, coordinatrice du lieu. Pour étoffer et pérenniser l'offre durable de fruits et légumes, l'épicerie travaille avec la chambre d'agriculture à une mise en contact avec des producteurs locaux. Elle mise aussi sur un fonctionnement futur en réseau avec d'autres épiceries solidaires. « *Plus nous serons nombreuses, plus nous pourrons mutualiser nos moyens, faire des achats groupés, des échanges de produits* », projette Alice Goulaouic.

Les Restos du cœur de l'Hérault se sont également trouvés confrontés à ces questions logistiques lorsqu'en 2011 la chercheuse à l'Inrae Dominique Paturel leur a proposé d'expérimenter l'approvisionnement en fruits et légumes en circuits courts[4]. Son idée provenait d'une double observation. D'abord, qu'il existait une solidarité de la part de producteurs envers des ménages en difficulté qu'ils connaissaient, basée sur le don de personne à personne. Ensuite, que de plus en plus d'agriculteurs devaient recourir aux associations pour se nourrir. Pour la chercheuse, l'introduction des circuits courts au sein du dispositif de l'aide alimentaire présentait un double intérêt : permettre à des ménages précaires d'accéder à des produits frais locaux et proposer un débouché à des agriculteurs en difficulté. L'association a accepté et l'initiative a pu voir le jour. Aujourd'hui les Restos du cœur de l'Hérault s'approvisionnent à 85 % en

4. Yuna Chiffoleau, *Les circuits courts alimentaires... op. cit.*

fruits et légumes locaux, ce qui équivaut à 85 tonnes qui proviennent d'un rayon de 46 kilomètres autour de Montpellier. Une vingtaine de producteurs, dont deux coopératives, sont impliqués, appuyés par des grossistes régionaux.

Cette aide alimentaire « améliorée » prend aussi la forme, depuis quelques années, de distributions de paniers solidaires de fruits et légumes bios et/ou locaux. Financés par des associations ou des institutions publiques comme les CCAS, ils sont proposés gratuitement ou à un prix symbolique aux ménages qui fréquentent ces structures.

Logique d'aide alimentaire

Ces projets caritatifs ont l'avantage de permettre à des personnes ou familles très précaires de profiter d'une offre alimentaire qui leur est habituellement inaccessible. Ils présentent aussi souvent un intérêt autre en ne se limitant pas au simple accès aux denrées, mais en développant, autour de cette opportunité, la possibilité pour les participants de tisser du lien social et/ou d'acquérir des connaissances, à travers des rencontres organisées avec les producteurs, des ateliers de cuisine, des repas partagés, etc. Ils mériteraient, selon certains acteurs, d'être généralisés. « *Il est urgent de rapprocher associations habilitées* [à la distribution d'aide alimentaire] *et productions locales de qualité afin de construire des solutions plus résilientes, plus systémiques, plus territorialisées*[5] », écrivent ainsi plusieurs organisations syndi-

5. Réseau Cocagne, Fnab, Forebio, Synabio, « Transformer l'aide alimentaire vers plus de bio local pour tous. Une question de santé publique, de dignité et de transition écologique », communiqué de presse, 7 décembre 2022.

cales et professionnelles représentatives des producteurs en agriculture biologique dans un texte publié peu après l'annonce par le gouvernement, en novembre 2022, de la création, en 2023, d'un fonds de 60 millions d'euros pour « *soutenir* [les] *grands acteurs nationaux* [de l'aide alimentaire] *afin qu'ils puissent acheter davantage de produits de qualité, de produits frais*[6] ». Néanmoins, pour certains spécialistes de la lutte contre la précarité alimentaire, ces initiatives ne peuvent être entièrement satisfaisantes car elles se cantonnent à une logique d'aide alimentaire qui, par nature, pose question, notamment en termes de liberté et de dignité des personnes[7].

Des projets alimentaires à visée sociale émergent aussi en dehors du secteur caritatif. C'est le cas de l'association Vers un réseau d'achat en commun (Vrac), née à Lyon, qui depuis 2013 monte, un peu partout en France, dans les quartiers prioritaires de la politique de la ville (QPV), des groupements d'achat à prix coûtant de produits bios, ou issus de l'agriculture paysanne, et locaux. Le principe est le suivant : les adhérents réservent leurs achats parmi une cinquantaine de produits référencés (40 à 70 produits, selon les groupements) ; l'association se charge ensuite de passer commande aux producteurs ou intermédiaires, puis réceptionne les produits, et, toutes les deux semaines, remet leurs achats aux habitants dans des points de distribution. Les références de chaque groupement sont choisies par les adhérents eux-mêmes. Il n'y a pas d'obligation de commander, ni de

6. Déclaration d'Élisabeth Borne, Première ministre, lors d'une visite de la Banque alimentaire de la Marne à Reims, le 3 novembre 2022.
7. Cf. chap. 3.

minimum d'achat, chacun choisit les produits et la quantité qui lui conviennent. Si l'initiative vise prioritairement les personnes en situation de pauvreté, « *il n'y a pas de stigmatisation*, insiste Boris Tavernier, délégué général de Vrac France. *Pour les adhésions, on se base uniquement sur l'adresse des personnes. Celles qui ont du mal à boucler leurs fins de mois peuvent le préciser en cochant une case*[8]. » Ces dernières sont prioritaires en cas de stocks limités et, depuis 2021, elles peuvent bénéficier d'un tarif inférieur au prix coûtant. « *Pour être autorisés à faire cela, nous avons demandé l'habilitation "aide alimentaire"* », précise Boris Tavernier. La mission que s'est fixée l'association : lever les freins financiers et géographiques qui empêchent les ménages en précarité d'accéder à une alimentation choisie, saine et durable.

C'est dans la même logique que la ville de Grande-Synthe a créé des jardins potagers, selon le modèle agroécologique[9], dans six quartiers populaires, en réservant les parcelles aux habitants des immeubles. Ouvrier à la retraite, Mohammed Baala, 73 ans, apprécie cette opportunité : « *Les fruits, les plantes aromatiques et les légumes coûtent cher. Pouvoir les cultiver nous-mêmes, c'est intéressant pour les chômeurs ou les petits retraités comme moi. Ça nous permet de manger de bons aliments et, en plus, sans produits chimiques, donc meilleurs pour la santé*[10]. » Auparavant, la municipalité proposait déjà des paniers bios gratuits à des ménages qui étaient orientés par les travailleurs sociaux. « *Les personnes étaient invitées à*

8. Entretien avec l'auteur, juillet 2021.
9. Mode de production agricole prenant en compte la protection de l'environnement et le respect des ressources naturelles.
10. Entretien avec l'auteur, juillet 2021.

venir chercher leurs paniers en mairie ou en maison de quartier, mais finalement très peu venaient, raconte Pauline Blondeel, responsable agriculture et alimentation durable à la Ville de Grande-Synthe. *Elles avaient le sentiment d'être stigmatisées et infantilisées*[11]. »

Les jardins populaires ont été pensés sur la base de ce constat. Le fait de proposer aux personnes de cultiver elles-mêmes une nourriture qu'elles choisissent et de se baser sur le critère géographique plutôt que sur les revenus pour y avoir accès permettait justement d'éviter cette double impression d'infantilisation et de stigmatisation. L'idée d'implanter les parcelles au sein même des quartiers populaires et de les réserver aux habitants est venue d'une autre observation selon laquelle, sauf ciblage particulier, ce sont les ménages de la classe moyenne qui s'approprient le plus souvent les jardins partagés. Le risque était donc de passer à côté de l'objectif de lutte contre la précarité alimentaire. Enfin, le fait que ce soit un service public et non une initiative associative évite, selon Pauline Blondeel, une présélection « *entre ceux qui vont s'engager dans l'association et ceux qui ne vont pas le faire car ce n'est pas leur culture* ».

Viabilité économique

Ces initiatives issues du monde de l'action sociale sont toutes financées par des associations ou des collectivités territoriales. L'accès des ménages précaires à une nourriture saine et durable ne semble ainsi possible, aujourd'hui, qu'en étant subventionné. Certains porteurs de ces projets aime-

---

11. *Idem.*

raient pourtant trouver un fonctionnement économique viable... Pour l'instant, sans succès. Boris Tavernier se résout, lui, à ce que des structures comme Vrac dépendent de financements publics ou privés. Dans le système actuel, il ne voit pas comment il pourrait en être autrement.

Le Miramap fait le même constat. À travers des expérimentations de tarifs différenciés selon le niveau de vie des adhérents, plusieurs Amap ont observé que la seule solidarité entre consommateurs ne permettait pas de proposer des tarifs accessibles aux personnes en situation de précarité[12]. « *Pour certaines familles, il faudrait financer les deux tiers du panier pour qu'elles puissent le payer*, constate Bénédicte Pelloux-Prayer. *C'est compliqué de faire peser ce coût sur les autres adhérents, ou alors pour un ou deux paniers seulement*[13]. » Depuis 2020, certaines Amap, à l'image de l'AMAPopote, ont mis en place un troisième tarif en plus du tarif plein et du tarif solidaire : le tarif subventionné. Sur les 80 foyers adhérents de cette Amap lyonnaise, une dizaine bénéficient de paniers de fruits et légumes financés jusqu'à 75 % par le centre social de la Fondation de l'Armée du Salut qui héberge les distributions hebdomadaires. « *Tous nos réseaux régionaux arrivent à la même conclusion : il faut un soutien public*[14] », rapporte Magali Jacques. D'autant plus, poursuit-elle, que face à la précarité alimentaire, « *les Amap peuvent agir, mais à une certaine échelle. Ce ne sont pas elles qui vont résoudre un problème qui est systémique* ».

12. Cf. chap. 10.
13. Entretien avec l'auteur, décembre 2022.
14. *Idem*.

Si elles ont tendance à croître, et jouent à leur niveau un rôle non négligeable, toutes ces actions locales « *restent marginales, que ce soit en termes de quantité de produits ou de nombre de personnes atteintes*, admet Boris Tavernier. *Ce ne sont pas nos petits groupements d'achats qui vont nourrir dix millions de personnes en situation d'insécurité alimentaire.* » Il estime néanmoins que ces multiples démarches entreprises sur le terrain peuvent sensibiliser, influencer les politiques sur la question de la précarité alimentaire et sur la nécessité de donner à tous les moyens d'accéder à une alimentation de bonne qualité.

C'est ce qu'a pu observer Brigitte Audo, vice-présidente du Secours Catholique dans le Berry. En 2021, cette responsable associative a vu, avec un peu de surprise, plusieurs élus du territoire manifester leur intérêt pour la distribution de paniers solidaires, par l'association, à des personnes et familles en situation de précarité. Elle a décidé de profiter de cette ouverture pour réaliser auprès d'eux un travail de plaidoyer sur l'accès digne à une alimentation de qualité, en mobilisant une vingtaine de familles bénéficiaires. « *Ils semblaient prêts à nous écouter*, explique Brigitte Audo. *On voulait donc leur dire : "Si vous trouvez bien que tout le monde ait accès à des produits frais et locaux, il faudrait entendre les besoins des plus précaires et leur donner les moyens de les satisfaire*[15]*."* »

Pour nombre de spécialistes de la lutte contre la précarité alimentaire, la solution pour combattre cette forme de pauvreté, qui touche des millions de personnes en France, ne peut être que politique. Et la dynamique nouvelle

---

15. Entretien avec l'auteur, juin 2022.

observée ces dernières années ne doit pas aboutir à une simple « modernisation » de l'aide alimentaire. « *C'est le risque* », prévient pourtant Marie Drique, qui estime nécessaire de « *travailler sur les causes de la précarité alimentaire pour penser des solutions structurelles*[16] ». Comme d'autres militants, acteurs du champ social ou du monde agricole, elle considère que la lutte contre la précarité alimentaire oblige notre société à mener une réflexion globale sur les dysfonctionnements de notre système alimentaire, depuis la production jusqu'à la consommation – « du champ à l'assiette » –, et à envisager une transformation de celui-ci. Permettre l'accès de tous à une alimentation choisie, saine et durable passe nécessairement par une prise en compte des enjeux sociaux et environnementaux, tout au long de la chaîne.

16. Entretien avec l'auteur, juin 2021.

Chapitre 12

Vers une sécurité sociale de l'alimentation ?

Une réflexion politique s'est développée ces dernières années dans l'idée de prévenir les effets néfastes d'une alimentation de mauvaise qualité sur la santé, notamment dans le cadre de la lutte contre l'obésité. Elle part d'un double constat. Le premier est que la disponibilité des produits de moins bonne qualité nutritionnelle, gras, salés et sucrés, est accrue par des prix faibles et/ou des stratégies promotionnelles fortes, à l'inverse des produits de meilleure qualité, ce qui favorise ainsi des environnements alimentaires dits « obésogènes [1] ». Le second est que les programmes nationaux qui ont jusqu'à présent misé sur l'engagement volontaire des acteurs de la filière agroalimentaire pour améliorer la qualité de leur offre ont obtenu des résultats décevants, « *limités par le manque d'ambition des objectifs originellement fixés et par un nombre d'entreprises concernées trop faible pour représenter des parts de marché significa-*

1. Chantal Julia, Julia Baudry, Mathilde Touvier, Serge Hercberg, « État des lieux des inégalités de santé liées à l'alimentation : analyse quantitative », *Vie sociale*, vol 4, n° 36, 2021.

tives[2] ». Pour certains observateurs, dont le Haut conseil pour la santé publique, des mesures contraignantes s'imposent donc afin d'« *accélérer l'amélioration de la qualité nutritionnelle des aliments à grande échelle et favoriser l'accessibilité physique et économique à des aliments de meilleure qualité nutritionnelle, notamment pour les populations les plus fragiles*[3] ». Elles joueraient sur trois tableaux : le marketing, en réglementant la publicité, l'exposition dans les points de vente et les offres promotionnelles des produits les moins sains ; la composition des aliments, en fixant des normes réglementaires de teneurs maximales en acides gras saturés, en sucres ajoutés ; le prix, à travers l'instauration de taxes nutritionnelles qui viseraient les denrées trop grasses, trop sucrées, voire ultra-transformées, pour inciter les consommateurs à se tourner vers des aliments plus sains.

Jouer sur les prix, en utilisant la fiscalité, c'est également ce que préconisent certains spécialistes et acteurs militants pour une alimentation plus durable. « *Il est anormal que l'agriculture biologique, qui rend un service considérable à la santé et à l'environnement soit plus chère. Il faut renverser cette logique*[4] », estime ainsi Olivier De Schutter. Pour l'universitaire belge, l'industrie agroalimentaire devrait être obligée de répercuter, dans les prix de ses produits, les coûts sociaux, environnementaux et sanitaires qu'elle cause à la collectivité (pollution des sols et des eaux, problèmes de santé des agriculteurs et

---

2. Chantal Deseyne, Brigitte Devésa, Michelle Meunier, « Rapport d'information [...] sur la lutte contre l'obésité », n° 744, juin 2022, p. 18.

3. Haut Conseil de la santé publique, « Pour une politique nationale nutrition santé en France. PNNS 2017-2021 », coll. « Avis et rapports », septembre 2017, p. 8.

4. Entretien avec l'auteur, septembre 2021.

consommateurs, etc.). On estime, par exemple, que le coût lié à la pollution des eaux (le coût de traitement) se situe, en France, entre 0,9 et 1,5 milliard d'euros par an[5]. « *On a besoin de courage politique pour que le prix des aliments reflète leur qualité nutritionnelle et leur impact environnemental*, confirme Pierrick De Ronne, président de Biocoop. *Et là, on réussira à réduire les écarts de prix avec l'offre agro-industrielle*[6]. »

France Caillavet a travaillé sur l'utilisation de la fiscalité pour réduire les inégalités alimentaires, en observant notamment des expériences menées à l'étranger. Pour elle, cette stratégie n'est pas efficiente : « *Si une politique nutritionnelle doit modifier la hiérarchie des coûts des aliments, l'idéal étant que les aliments les plus sains soient aussi les moins chers, l'écart à combler est grand.* » Un tel scénario n'est, selon elle, pas réaliste. Par ailleurs, poursuit l'économiste, la taxation des produits de mauvaise qualité pénaliserait encore les ménages précaires, car cela conduirait à une augmentation des prix particulièrement lourde pour leurs budgets contraints, sans leur offrir la possibilité de se reporter vers des aliments plus sains, toujours trop chers pour eux.

Pour éviter cet effet secondaire non désiré dans une optique de lutte contre la précarité alimentaire, plusieurs observateurs proposent de coupler cette taxation à une subvention destinée aux plus modestes, qui pourrait être fléchée vers une alimentation saine, voire durable. On pourrait même imaginer, selon certains, que cette aide soit financée par les recettes provenant des taxes instaurées sur les produits de mauvaise qualité.

---

5. Olivier Bommelaer, Jérémy Devaux, « Coûts des principales pollutions agricoles de l'eau », CGDD, coll. « Études et documents », septembre 2011.
6. Entretien avec l'auteur, décembre 2022.

Rapports de pouvoir

« *De cette manière, on conforte un système qui crée des inégalités en cherchant ensuite des moyens de pallier celles-ci*, regrette Jean-Claude Balbot, agriculteur du Finistère, figure militante du combat pour une transition alimentaire juste et membre du réseau Civam. *On reste là encore dans une idée de prise en charge de la pauvreté, avec des politiques pour les pauvres qui sont souvent de pauvres politiques, a minima, et fragiles. Et on ne s'interroge pas sur les causes de la précarité alimentaire afin de trouver des solutions structurelles pour l'éradiquer.* » Quoique plus nuancée, une note de l'Institut du développement durable et des relations internationales (Iddri) sur le « Chèque alimentation durable[7] » rejoint ce point de vue. Une telle aide financière à destination des ménages précaires « *peut mettre la France sur une trajectoire vertueuse en matière de lutte contre les inégalités sociales liées à l'alimentation et de durabilité de son système alimentaire* », écrivent ses auteurs ; néanmoins, « la mise en place d'*un tel outil risquerait d'empêcher ou de freiner la mise en œuvre de solutions plus transformatrices à l'avenir au prétexte que le chèque est un dispositif suffisant*[8] », mettent-ils en garde.

Magali Ramel et Dominique Paturel estiment que la question de la précarité alimentaire ne peut être réduite à celle d'un simple accès à une alimentation saine et durable. « *La manière d'y accéder est tout aussi importante*, précise Dominique Paturel. *Les enjeux sanitaires et écologiques ne doivent*

7. Cf. chap. 8.

8. Charlie Brocard, Mathieu Saujot (Iddri), « Chèque alimentation durable : analyses et propositions pour renforcer l'accessibilité et la durabilité de l'alimentation », iddri.org, septembre 2022.

pas effacer les rapports de pouvoir qui se jouent autour du fait alimentaire[9]. » Les situations de précarité alimentaire « *sont déjà caractérisées par des rapports sociaux inégalitaires marqués par des logiques de pouvoir alimentaire*[10] », abonde Magali Ramel. Pour les deux chercheuses, le risque de politiques de lutte contre la précarité alimentaire uniquement guidées par les enjeux nutritionnels et environnementaux serait de tomber dans l'écueil d'un énième contrôle social des personnes en précarité, opéré sur leur comportement alimentaire, sans prise en considération de leur vécu et de leurs représentations « *sur un sujet pourtant intimement lié à l'identité individuelle et collective* ». Pour éviter cela, il faudrait, estiment-elles, créer des conditions pour que ces ménages soient associés « *aux décisions et à l'orientation des mesures prises, d'autant plus lorsqu'ils en sont les cibles* ».

Prendre le temps de consulter les personnes sur ce qu'elles mangent et ce qu'elles aimeraient manger, d'interroger le pourquoi et le comment, c'est ce qu'a fait l'équipe de l'épicerie solidaire du Secours Catholique de Montpellier lorsqu'elle a souhaité repenser le fonctionnement et l'offre du lieu[11]. Lors d'une réunion de travail rassemblant bénévoles et adhérents, la question d'arrêter l'approvisionnement auprès de la Banque alimentaire a été soumise. En effet, certains bénévoles souhaitaient, pour des raisons éthiques et à cause de la mauvaise qualité des produits, ne plus dépendre des flux de la plateforme logistique de l'aide

9. Entretien avec l'auteur, septembre 2021.
10. Magali Ramel, « Le droit à l'alimentation et la lutte contre la précarité alimentaire en France », thèse de doctorat de droit public sous la direction de Diane Roman, Université de Tours, 2022.
11. Cf. chap. 11.

alimentaire et proposer exclusivement des produits frais, locaux, bios, etc. Mais plusieurs adhérents n'étaient pas d'accord et préféraient, parfois pour des raisons financières, une offre plus variée et plus équilibrée mêlant des bons produits et des aliments de moins bonne qualité mais, par conséquent, moins chers. « *Quand on consulte les personnes, il faut accepter de ne pas tout maîtriser, et donc de changer d'orientation. On ne va pas là où l'on comptait emmener tout le monde. En tout cas, pas immédiatement*[12] », explique Geneviève Silberstein.

Mettre de la démocratie dans l'alimentation

La concertation et le débat sont indispensables si l'on veut amorcer une transition alimentaire, comme le confirment certains observateurs. « *Il faut être prêt à s'asseoir autour de la table avec des personnes qui ne mangent pas comme nous, qui n'aiment pas les mêmes choses, qui n'ont pas le même rapport à l'alimentation*, estime Jean-Claude Balbot. *Et être prêt à s'écouter les uns les autres, à accepter les impasses dans lesquelles on va se retrouver, à se faire confiance pour réussir à trouver des solutions communes*[13]. » Pour lui, comme pour d'autres militants de la transition alimentaire, il est, en d'autres mots, indispensable de « mettre de la démocratie » dans l'alimentation. D'abord, parce qu'aujourd'hui cette dernière n'existe pas. « *Nous avons l'illusion d'une liberté de choix au sein d'une offre qui est principalement définie, segmentée et organisée par le marché capitaliste, en particulier*

12. Entretien avec l'auteur, janvier 2022.
13. Entretien avec l'auteur, janvier 2023.

par l'industrie agroalimentaire, selon ses propres intérêts et non ceux des consommateurs[14] », considère l'agronome Mathieu Dalmais. Ensuite, parce que la transformation durable de notre système agroalimentaire ne sera réalisable qu'avec l'approbation d'une large part de la société, aujourd'hui loin d'être acquise.

Selon une étude[15] parue fin 2021 de l'Observatoire société et consommation (ObSoCo), si 45 % des Français sont aujourd'hui engagés, à des degrés divers et pour différentes raisons, dans la transition alimentaire, une majorité (55 %) est encore en retrait de cette dynamique, principalement par indifférence (37 %), mais aussi par mise à distance (volontaire ou contrainte) ou par hostilité. « *Pour plus de la moitié des consommateurs, le plaisir et le goût surclassent toujours les préoccupations de santé*[16] » dans la définition du « bien manger », relèvent pour leur part les auteurs du rapport « Vers une alimentation durable ». Et si, depuis quelques années, le « bio », le « sans » (sans additifs, sans pesticide, sans huile de palme, sans sucre ajouté, etc.) et le « local » sont parmi les qualificatifs les plus cités par les Français pour définir un aliment de qualité, cela ne se reflète pas massivement dans la réalité des achats. Loin de là. En cause, notamment, le poids des habitudes et celui de l'*habitus*[17], les

14. *Idem.*

15. ObSoCo, « L'Observatoire du rapport à la qualité et aux éthiques dans l'alimentaire. Vague 3, comprendre et anticiper la mutation du rapport à l'alimentation », décembre 2021.

16. Françoise Cartron, Jean-Luc Fichet, rap. cit., p. 33.

17. En sociologie, l'habitus peut s'entendre comme « *l'ensemble des apprentissages, des dispositions acquises par l'enfant au cours de son éducation* » (Durkheim) et/ou comme « *les apprentissages* [formel ou informels, dits ou

arbitrages, choisis ou contraints, que l'on fait pour des raisons pratiques ou budgétaires, les opportunités, enfin, dans un environnement alimentaire largement dominé par l'industrie agroalimentaire.

C'est pour sortir de ce *statu quo* qui favorise l'immobilisme que des militants de la transition alimentaire imaginent une réappropriation de leur alimentation par les citoyens. Celle-ci permettrait aussi de garantir que le changement soit socialement accepté et donc durable. « *Demain, une majorité politique au pouvoir peut très bien, au regard des enjeux scientifiques, décider d'opérer cette transition alimentaire rapidement en légiférant et en réglementant*, explique Mathieu Dalmais. *Mais le risque est que ce soit perçu comme une contrainte imposée à la société par une certaine classe sociale et vécu comme du mépris. Si on veut éviter une réaction à l'image de celle des Gilets jaunes* [2018-2020] *ou des Bonnets rouges* [2013], *ou un détricotage de tout ce qui aura été mis en place, en cas de changement de majorité au pouvoir, il faut prendre le temps de l'échange, de la diffusion de la connaissance, du débat citoyen.* »

Une carte Vitale de l'alimentation

Ce principe de « démocratie alimentaire » est au cœur du projet de Sécurité sociale de l'alimentation (SSA) porté par un collectif de chercheurs et d'acteurs du monde agricole, dont font partie Mathieu Dalmais, Dominique Paturel et Jean-Claude Balbot. L'idée : allouer à chaque citoyen un

---

non dits] *qui forment, inculquent des modèles de conduite, des modes de perception et de jugement, au cours de la socialisation...* » (Bourdieu).

budget mensuel destiné à une nourriture choisie collectivement, et financé par des cotisations sociales. Chaque ménage (quel que soit son revenu) recevrait ainsi, sur une carte Vitale de l'alimentation, une somme mensuelle équivalente à 150 euros par personne (soit 5 euros par jour) et destinée à acheter des produits conventionnés avec des producteurs, des industriels et des distributeurs. Les conventionnements seraient décidés par des citoyens réunis en comités au sein de caisses locales de l'alimentation. « *Notre proposition a l'avantage de se fonder sur un modèle déjà connu, celui du régime général de la Sécurité sociale tel qu'il existait avant 1967*, souligne Dominique Paturel. *Ainsi nous pouvons en tirer les leçons tant du point de vue de la démocratie sociale (conventionnement des professionnels et gestion des caisses primaires) que de la démocratie économique (financement basé sur une cotisation sociale).* » Les critères de conventionnement des produits accessibles par l'allocation seraient définis en « *connaissance de cause* », c'est-à-dire en étant informé des pratiques mais aussi des coûts, des contraintes et des conditions de travail de chacun des acteurs de la chaîne, du producteur au distributeur. Cela impliquerait aussi d'avoir conscience des conditions de vie de l'ensemble des consommateurs. Les besoins, les envies et les contraintes des plus précaires seraient ainsi considérés au même titre que ceux des autres. « *Nous ne serions plus dans la prise en charge de la pauvreté*, souligne Jean-Claude Balbot, *mais dans la prise en compte des situations de précarité pour proposer des réponses adaptées à tous.* » À condition que les « pauvres » aient voix au chapitre.

Comment garantir une réelle diversité sociale dans les comités des caisses locales de l'alimentation ? Et comment s'assurer que le choix des produits conventionnés aille bien dans le sens d'une alimentation saine et durable ? « *La SSA est un modèle en construction*, précise Clément Coulet, coordinateur « Accès à l'alimentation pour tous » au sein du réseau Civam. *Certaines questions sont encore en réflexion, voire suscitent des débats entre militants. Quelle doit être l'échelle territoriale des caisses de l'alimentation ? Comment désigner les membres des comités citoyens ? Laisse-t-on chaque caisse libre de définir ses propres critères de conventionnement ou faut-il une base de critères qui s'appliqueraient à tout le territoire national ? Tout cela n'est pas encore tranché. C'est tout l'enjeu des expérimentations qui se lancent et qu'il faut multiplier*[18]. »

Profitant de l'intérêt accru pour la question alimentaire ces dernières années, et donc de l'opportunité d'obtenir des financements, plusieurs expériences inspirées de la SSA ont pu voir le jour et sont aujourd'hui en cours, en lien les unes avec les autres. L'une d'elles est menée depuis 2021 à Cadenet, un village provençal situé au cœur du Parc naturel régional du Luberon. Elle est née « *d'une demande de la part des pouvoirs publics locaux, à la sortie du confinement, de nouvelles pistes de réponse face à la précarité, et de notre envie, à nous, de tester une sorte de caisse démocratique dans le cadre de la SSA*[19] », raconte Éric Gauthier de l'association Le Maquis, partie prenante de l'initiative. L'expérimentation a pris la forme d'« *une mini-convention citoyenne autour de l'alimentation* », décrit-il. Pour constituer un comité de vingt-cinq membres, représentatif de la population, les animateurs du projet sont allés à la rencontre des 4 000 villageois, « *à la*

18. Entretien avec l'auteur, janvier 2023.
19. *Idem*.

sortie de l'école, aux matchs de foot, au marché du lundi matin, etc. ». Pendant six mois, ces « représentants », âgés de 25 à 70 ans, issus de différents milieux sociaux et d'origines culturelles diverses, se sont retrouvés tous les quinze jours. « *On a travaillé sur le fonctionnement de notre système alimentaire, puis sur l'histoire de la Sécurité sociale et enfin sur le principe de démocratie participative* », détaille Éric Gauthier. Pour chaque thème, le comité a reçu la visite d'un spécialiste venu partager ses connaissances sur le sujet. Un échange contradictoire avec l'invité était ensuite organisé, puis une séance de débriefing « *où chaque personne parlait de ce qu'elle avait compris, ce qui permettait au groupe de se construire son idée* ». Travailler la controverse, notamment face aux intervenants, a été important pour complexifier le débat, et pour libérer la parole au sein du comité. Dans les mois qui ont suivi, les vingt-cinq participants ont planché sur leur système agroalimentaire idéal, puis ont défini des critères de conventionnement. Pour tester la pertinence de ceux-ci, ils ont eu l'idée d'organiser tour à tour des repas où le cuisinier devait respecter ces critères tout en se limitant à un budget donné. En septembre 2023, le projet entamera sa dernière phase. Un montant de 150 euros par mois et par personne doit être versé, pendant deux ans, à vingt-cinq habitants du village – « *nous n'avons pas encore déterminé si c'était les membres du comité qui recevraient cette somme ou d'autres personnes* », précise Éric Gauthier. Les bénéficiaires devront l'utiliser selon les critères définis par le comité dans les lieux conventionnés par celui-ci. « *Le but est de voir si cet argent est dépensé ; si oui, comment ; et si cela transforme les modes de consommation à long terme* », explique Éric Gauthier. En attendant de pouvoir observer les premiers résultats à Cadenet, les initiateurs de cette expérience vauclusienne s'apprêtent à lancer deux autres projets sur le même modèle. « *Ce serait, cette fois-ci, en milieu urbain et avec des populations plus précaires* », précise Éric Gauthier.

Plusieurs autres expérimentations ont été lancées, ou étaient en cours de préparation début 2023, dans de grandes agglomérations comme Montpellier et Toulouse. Certaines expériences ont été imaginées à l'échelle départementale (c'est le cas en Gironde), ou régionale (comme en Alsace). L'idée sera notamment de tester le principe de cotisation, car plusieurs questions se posent : Doit-on se baser sur le revenu des ménages ou sur leur reste à vivre [20] pour fixer le montant de la cotisation ? Qui doit cotiser combien ? Dans quelle mesure les foyers les plus aisés accepteront-ils de payer plus qu'ils ne reçoivent ? L'argent ainsi récolté sera-t-il suffisant pour abonder le fonds nécessaire au versement de l'allocation ou une autre source de financement sera à envisager ?

D'autres paramètres seront également intéressants à observer, estime Pauline Scherer, sociologue et participante à la création d'une caisse alimentaire commune à Montpellier [21]. Parmi eux, l'impact d'une telle démarche sur l'offre

---

20. Le reste à vivre est le budget qu'il reste aux ménages une fois qu'ils ont effectué toutes leurs dépenses contraintes (loyer, charges fixes, abonnements, remboursement des crédits, etc.)

21. Le 28 février 2023, un collectif d'acteurs locaux (des associations, des acteurs de l'économie sociale et solidaire, des groupements paysans, des chercheurs, ainsi que la Ville et la Métropole de Montpellier), regroupés sous la bannière « Territoires à vivres », a lancé l'expérimentation d'une caisse alimentaire commune. Le principe : chaque participant cotise librement, chaque mois, selon ses moyens, de 1 à 150 euros, et reçoit en retour une allocation alimentaire de 100 euros par mois, utilisable dans des commerces conventionnés. Jusqu'à 500 foyers doivent participer à l'expérience, prévue pour durer un an.

alimentaire locale. « *Par-delà l'aspect "solidarité entre consommateurs", les caisses de l'alimentation peuvent aussi être un outil de transition alimentaire*, explique-t-elle. *On peut espérer que les achats ciblés selon les critères de conventionnement aient un effet levier pour faire évoluer les modèles de production, de transformation et de distribution de l'alimentation sur le territoire.* » Autant d'inconnues auxquelles les porteurs des différents projets, qui travaillent en lien, espèrent pouvoir apporter une réponse. « *Si une sécurité sociale de l'alimentation voit le jour, ça ne sera certainement pas ce que nous expérimentons aujourd'hui*, pense Éric Gauthier. *C'est en essayant plein de protocoles différents avec du débat démocratique qu'on pourra trouver le modèle qui nous correspond.* »

Jean-Claude Balbot prédit un chantier de dix, voire quinze ans. « *Les militants les plus radicaux disent "On n'a pas tout ce temps devant nous"* », rapporte-t-il. Clément Coulet, du Civam, admet une « *temporalité compliquée* » face à un sentiment, nourrit par l'actualité, « *d'urgence climatique, d'urgence sanitaire, d'urgence sociale* » à agir. Mais comme Jean-Claude Balbot, il est persuadé que ce temps long n'est pas perdu. « *C'est un investissement*, dit-il. *Il sert à lutter contre la résignation politique, en donnant du pouvoir concret aux gens sur des choses concrètes. Il sert à créer un commun que les gens auront envie de défendre dans la durée.* »

Aucune transition n'est possible sans l'émergence d'une volonté profonde de changement de la part d'une majorité de la société, estiment les promoteurs de la SSA. Or il est indispensable de transformer un système agroalimentaire qui, par-delà ses effets néfastes sur l'environnement et sur la santé, génère non seulement de la précarité alimentaire, mais aussi de la pauvreté, notamment chez ceux qui se situent tout en amont de la chaîne, les agriculteurs.

Chapitre 13

Réparer l'agriculture

Didier Bouguillon est producteur laitier à la retraite dans la Manche. Il est aussi administrateur national de l'association Solidarité paysans, qui accompagne les agriculteurs en difficulté. Il s'inquiète, aujourd'hui, de voir de nombreux collègues « *incapables de se nourrir eux-mêmes*[1] ». Ce n'est pas forcément qu'ils n'ont pas la possibilité d'« *avoir un bout de terre où cultiver leur potager, élever quelques volailles et un cochon* », mais « *beaucoup n'y pensent même pas*, observe-t-il. *Ils font leurs courses au supermarché comme tout le monde* ». Pour l'éleveur normand, cette réalité est symptomatique d'un système agroalimentaire qui a déconnecté l'agriculture de sa fonction première, celle de nourrir. « *Le paysan est devenu un simple producteur de matière première, rouage d'un processus industriel sur lequel il n'a pas la main* », estime-t-il. Il dénonce un système qui « *a vidé de son sens l'activité de production* », a appauvri de nombreux éleveurs et cultivateurs et peut parfois aboutir à des situations ubuesques où des agriculteurs en précarité reçoivent, lors de distributions d'aide alimentaire, du lait donné par des coopératives laitières, « *qu'ils ont peut-être produit eux-mêmes* ».

1. Entretien avec l'auteur, février 2021.

C'est une pauvreté qui ne saute pas aux yeux. Lorsque l'on parcourt les routes de campagne, la vision de vastes exploitations agricoles peut donner l'impression d'une certaine aisance. Mais les apparences sont parfois trompeuses, prévient Jean-François Bouchevreau, éleveur à la retraite dans la Sarthe, lui aussi administrateur national de Solidarité paysans. « *Malgré la présence d'un gros tracteur, acheté à crédit, qui trône dans la cour de la ferme, de matériels et de locaux nécessaires à l'exercice de notre profession, le réfrigérateur peut être complètement vide*[2] », assure-t-il. Les familles auprès desquelles intervient son association n'arrivent souvent plus à payer leurs créanciers : « *Les investissements nécessaires à la tenue d'une exploitation sont lourds. Ils exigent des emprunts, dont les échéances diminuent drastiquement les revenus réels dégagés par les agriculteurs.* » Jean-François Bouchevreau décrit ainsi des situations de grande précarité : « *Parmi les personnes que nous rencontrons, certaines ne sont pas allées chez le médecin depuis cinq ans ; d'autres ont des problèmes de vue, mais pas de quoi payer une consultation chez l'ophtalmologue.* »

Selon les dernières données de l'Insee[3], qui datent de 2018, 18 % des membres des ménages agricoles vivent sous le seuil de pauvreté, contre 13 % des membres de l'ensemble des ménages ayant des revenus d'activité. Dans le monde paysan, la pauvreté est aussi plus intense : le niveau de vie médian des personnes pauvres y est de 9 400 euros par an,

---

2. In Olivier Villain, « Des exploitants étouffés par l'endettement », *Convergence*, n° 352, janvier-février 2017, p. 27.
3. Régine Bordet-Gaudin, Caroline Logeais, Amandine Ulrich, « Le niveau de vie des ménages agricoles est plus faible dans les territoires d'élevage », *Insee Première*, n° 1876, insee.fr, 11 octobre 2021.

soit 1 300 euros de moins qu'au sein de l'ensemble des ménages pauvres ayant des revenus d'activité. La plupart des agriculteurs ne vivent pas de leur métier. En moyenne, seul un tiers des ressources des ménages résulte de l'activité agricole, le reste étant issu d'autres revenus, pour l'essentiel de salaires qui proviennent notamment du travail de leur conjoint. C'est dans les territoires où dominent les élevages de « bovins viande » (c'est-à-dire spécialisés dans la production de viande et non de lait) que les revenus tirés de l'activité agricole sont les plus bas, précisent les analystes de l'Insee. C'est aussi là que le niveau de vie des agriculteurs est le plus faible. « *Peu d'éleveurs ont un emploi complémentaire en dehors de l'exploitation*, explique l'Institut. *Comme ils sont installés le plus souvent à la campagne, et éloignés des pôles d'emplois, cela limite la bi-activité. Par ailleurs, ils vivent souvent seuls, plus encore que les autres agriculteurs, et bénéficient donc moins souvent des revenus d'un conjoint ou d'un autre membre de la famille.* » De son côté, la Mutuelle sociale agricole (MSA) comptabilisait en juin 2019 plus de 26 000 allocataires du RSA parmi ses adhérents, et près de 150 000 bénéficiaires de la prime d'activité[4]. Des chiffres en deçà de la réalité des besoins, considère l'association Solidarités paysans, qui souligne l'importance du non-recours[5] aux aides sociales dans un milieu où, plus qu'ailleurs, la pauvreté est taboue.

Par-delà leur faible niveau, c'est aussi l'instabilité des revenus agricoles qui génère la précarité. Les variations

4. MSA, « L'Observatoire économique et social », note de conjoncture n° 51, décembre 2019.

5. Le non-recours est le fait pour une personne de ne pas recevoir, parfois parce qu'elle ne le demande pas, une prestation ou un service auquel elle pourrait prétendre.

sont fortes d'une année sur l'autre. En cause : les conditions climatiques qui peuvent avoir un impact sur les volumes et la qualité des productions ; la volatilité des prix sur les marchés internationaux ; l'évolution des charges de fonctionnement, des investissements et des subventions perçues. « *Lorsque vous pratiquez l'élevage, par exemple, il y a régulièrement des mises aux normes obligatoires, au niveau national ou européen, qui ont des coûts importants*, explique Gery Lootvoet, éleveur porcin dans le Pas-de-Calais. *Et puis, il y a régulièrement des crises qui font chuter les prix de vente. Il y a eu la crise porcine, récemment*[6]. *Il y a aussi eu la crise du lait quand les quotas ont sauté*[7]. *Ensuite, il y a, et là on est en plein dedans, la flambée des prix des énergies et/ou des matières premières, notamment des protéines végétales, qui font exploser les coûts de production*[8]. » Selon l'agriculteur, chaque crise ou nouvelle obligation de mise aux normes insécurise les fermes et provoque le décrochage d'une partie des éleveurs.

Jean-François Bouchevreau dénonce un système qui pousse nombre de paysans dans « *une course au rendement et donc à l'agrandissement de* [leurs] *exploitations* ». Cela suppose des investissements toujours plus importants, donc des emprunts toujours plus lourds auprès des banques,

---

6. En 2021 et 2022, la filière française porcine a traversé une grosse crise liée à la fois à la flambée du coût de l'alimentation animale et à la baisse des cours du porc.
7. En avril 2015, l'Union européenne a mis fin au système de quotas laitiers en vigueur depuis 1984 qui permettait de fixer un volume de production maximale pour chaque pays afin d'assurer des prix stables. À la suite de la levée de ce système de régulation, certains pays ont investi massivement pour développer le nombre d'hectolitres mis sur le marché. Cela a provoqué une surproduction qui a eu pour effet de faire baisser les prix de gros.
8. Entretien avec l'auteur, octobre 2022.

précise-t-il. « *Si les prix agricoles baissent, les exploitants sont alors étouffés, petit à petit, par le nœud coulant de l'endettement.* »

Produire en abondance

Cette réalité, les pouvoirs publics la prennent en compte. C'est pourquoi l'activité agricole est destinataire d'aides publiques. En 2019, ces aides directes, issues notamment de la PAC, représentaient en moyenne 74 % du revenu[9] des agriculteurs français (jusqu'à 250 % pour les éleveurs bovins)[10]. Néanmoins, pour beaucoup de paysans, ces subventions ne suffisent pas à assurer un niveau de vie convenable. En 2017, près de 15 %[11] d'entre eux n'ont pas réussi, même avec ces aides, à dégager de revenu (sans elles, ils auraient été la moitié), et le revenu mensuel moyen dans la profession plafonnait à 1 390 euros mensuels[12] (1 100 euros pour les éleveurs bovins, 980 euros pour les producteurs de céréales et 620 euros pour les électeurs ovins). « *À part peut-être les très grosses structures, la plupart des paysans ne vivent pas bien de ces aides* », commente Gery Lootvoet. Et beaucoup acceptent mal d'en être autant dépendants.

---

9. Il s'agit ici du résultat courant avant impôts (RCAI), un indicateur permettant de mesurer la rentabilité d'une entreprise. Il est calculé avant impôt sur les bénéfices.

10. Pascale Mollier, « Comment la PAC soutient-elle le revenu des agriculteurs ? », inrae.fr, 8 mai 2021.

11. Agreste, « Graph'agri 2019 », grands-troupeaux-mag.fr, s. d.

12. Laurianne Salembier, « Les revenus d'activité des non-salariés en 2017 », *Insee Première*, n° 1781, 7 novembre 2019. Ce calcul prend en compte les déficits enregistrés par une partie des exploitations.

L'association Solidarités paysans ainsi que d'autres acteurs du monde agricole alertent régulièrement sur le mal-être qui traverse la profession : sentiment d'ostracisation, solitude, surcharge de travail, ampleur croissante des tâches administratives, perte de sens, manque de loisirs, pression financière, sensation d'échec et de honte de ne pas réussir à vivre de son travail, à faire fructifier une exploitation souvent héritée des générations précédentes, vision pessimiste de l'avenir, etc.[13]. Un malaise qui aboutit parfois à des situations dramatiques. En 2016, le risque de suicide chez les assurés de la MSA, âgés de 15 à 64 ans, était supérieur de 43,2 % à celui des assurés de l'ensemble des régimes de Sécurité sociale[14].

Il est peut-être temps, estiment nombre d'observateurs, de faire évoluer un système qui crée autant de dégâts, tant du point de vue économique que social, sanitaire ou environnemental. Un modèle hérité de l'après-Seconde Guerre mondiale, une époque où l'intensification et la modernisation de l'agriculture devaient répondre à un risque de pénurie alimentaire et à une nécessité d'améliorer la condition paysanne. « *Il fallait produire en abondance pour nourrir à bas prix les ménages français, mais aussi l'Europe et le reste du monde, et industrialiser l'agriculture pour émanciper le paysan de la pauvreté*[15] », résume Jean-Claude Balbot. Le gain de productivité ainsi obtenu dans le secteur agricole avait également pour intérêt de libérer de la main-d'œuvre afin de fournir des travailleurs à l'industrie.

---

13. Cf. Lucie Chartier, avec la collaboration de Pierre Chevrier, « Les agriculteurs : des précaires invisibles », *Pour*, GREP, n° 225, mai 2015.
14. MSA, « La mortalité par suicide au régime agricole : une préoccupation majeure pour la MSA », statistiques.msa.fr, 8 juillet 2021.
15. Entretien avec l'auteur, janvier 2023.

Dans *Reprendre la terre aux machines*[16], un ouvrage qui porte un regard critique sur cette transition agricole opérée à partir des années 1950, les auteurs décrivent comment ont été plantées dès le départ les graines à partir desquelles germeraient les maux de l'agriculture contemporaine : la mécanisation (synonyme, à l'époque, de modernisation et d'émancipation), qui induit l'extension des surfaces de cultures ; la nécessité d'investir toujours plus dans les machines et les intrants chimiques (engrais, pesticides, etc.) ; le besoin de se spécialiser dans la monoculture pour rationaliser les coûts, de s'endetter pour pouvoir investir ; la dépendance croissante des agriculteurs aux fournisseurs et aux banques, puis à l'industrie agroalimentaire qui devient leur principal débouché et leur met la pression dans le but de proposer aux consommateurs une alimentation à prix bas ; et ainsi, la perte d'autonomie et de libre arbitre des paysans. « *Ce système remplit-il ses objectifs initiaux ?* », interrogent les auteurs du livre. À savoir, rémunérer correctement les agriculteurs, pour qu'ils fournissent une alimentation abondante et satisfaisante à la portée de tous. Non, répondent-ils. S'il y a bien abondance aujourd'hui, c'est une abondance « *de produits mauvais pour la santé et de précarité économique* ».

Pour Didier Bouguillon, de Solidarité paysans, « *il faut arriver à ce que le paysan retrouve son autonomie, notamment son autonomie décisionnelle, sa capacité d'initiative et de discernement* ». La garantie d'une offre alimentaire saine et durable passe par-là, estime-t-il.

16. L'Atelier Paysan, *Reprendre la terre aux machines. Manifeste pour une autonomie paysanne et alimentaire*, Paris, Le Seuil, coll. « Anthropocène », 2021.

« De quoi vous plaignez-vous ? Des alternatives existent »

Des formes d'agriculture alternatives au modèle agro-industriel ont perduré depuis les années 1950 et se sont même développées ces deux dernières décennies[17]. En 2021, on comptait par exemple 58 413 exploitations en agriculture biologique, soit 13,41 % des exploitations agricoles en France[18]. Et en 2016, on dénombrait 106 018 exploitations en circuits courts[19] sur 437 400 exploitations agricoles. Ces formes garantissent souvent aux agriculteurs, lorsqu'ils réussissent leur installation ou leur reconversion, un travail plus rémunérateur et des revenus plus stables. Ce qu'apprécie Gery Lootvoet, depuis qu'il s'est associé avec une quinzaine d'autres producteurs locaux pour monter un magasin de vente direct, c'est d'avoir la main sur les prix de vente, qu'ils fixent eux-mêmes. « *C'est rarement le cas quand vous dépendez d'un gros acheteur ou d'un gros négociant, et encore moins lorsque vous dépendez des cours mondiaux* », compare-t-il. D'un point de vue financier, la diversification de l'activité de la ferme à travers la vente en circuit court de produits transformés est un moyen de sécuriser les revenus, explique-t-il. L'éleveur porcin voit dans son choix d'autres avantages : « *Cela donne une envergure différente à notre travail, certains d'entre nous y ont retrouvé du sens. L'idée qu'un agriculteur nourrit son territoire, c'était une idée basique, c'est ce que faisaient nos grands-parents, mais c'est une réalité*

17. Cf. chap. 10, p. 106.
18. Agence Bio, « Les chiffres 2021 du secteur bio », agencebio.org, juin 2022.
19. Ministère de l'Agriculture, « Les circuits courts, un levier important pour s'approvisionner en produits frais », agriculture.gouv.fr, 21 juin 2021.

qui nous a un peu échappé. » Il aime enfin « *l'ouverture humaine* » que permet le contact avec les consommateurs, ainsi que la vie de groupe avec des pairs : « *C'est un peu une nouveauté pour un agriculteur qui a toujours travaillé seul.* »

Dans le Lauragais, à une cinquantaine de kilomètres de Toulouse, Laurent Perdereau a choisi de convertir son exploitation de 200 hectares en bio, après dix ans dans le métier. Ce producteur de semences assure que sa démarche n'était ni militante ni philosophique. Il avait plutôt une image du bio « *contemplatif* », c'est-à-dire « *de personnes qui n'arrivent pas à se dégager un Smic, mais qui le font quand même "parce que c'est bien" et que "ce que font les autres, c'est mal"*[20] ». À l'occasion d'une rencontre avec des professionnels du secteur, il s'est rendu compte que cela pouvait être rentable. « *À partir de là, je me suis dit : "C'est ce que je veux faire."* » D'autant que l'utilisation des produits phytosanitaires sur l'exploitation qu'il gérait avec son beau-père le gênait, confie-t-il : « *Pour mon beau-père, c'était logique, il est issu d'une génération où tu pouvais "manger du phyto au petit-déjeuner", on ne voyait pas le problème car on n'avait pas conscience des dangers que cela représentait. Mais moi qui suis d'une autre génération, j'avais du mal, même si je ne le formulais pas.* » S'ils ne se définissent pas comme des défenseurs du bio, lui et sa femme, Pauline, qui a également une formation d'agricultrice, se considèrent en revanche comme des « *militants du bien manger* ». Pour Laurent, « *c'est important de savoir ce que tu manges et d'avoir confiance en ce qui te nourrit* ». Le ménage estime vivre correctement. L'essentiel du chiffre d'affaires de l'exploitation provient des cultures de

---

20. Entretien avec l'auteur, décembre 2022.

l'ail, du soja et de la semence de maïs. Le blé, l'orge, la lentille, le lin, la féverole et le pois chiche ne leur rapportent rien, en revanche. Mais ils continuent de les cultiver plutôt que de mettre des parcelles en jachère.

Le développement du bio et des circuits courts amorce-t-il une transition alimentaire ? Les auteurs de *Reprendre la terre aux machines*[21] n'en sont pas convaincus. Issus du monde paysan, et militants de longue date d'un système alimentaire plus vertueux, ils constatent l'hégémonie ronronnante de l'industrie agroalimentaire. « *Le modèle agricole dominant est-il ébranlé par ces changements de pratiques individuels des producteurs et consommateurs ? Non* », écrivent-ils. Eux voient dans la multiplication d'alternatives « *sans réel projet de société derrière* », non pas l'amorce d'une transition, mais un prétexte pour que rien ne bouge. « *Lorsque l'on rencontre des politiques, on nous répond : "Mais de quoi vous plaignez-vous ? Si un agriculteur veut améliorer sa condition ou si des consommateurs veulent manger mieux, aujourd'hui, c'est possible"* », rapporte Jean-Claude Balbot, qui a participé à la rédaction de l'ouvrage.

Cent mille exploitations menacées de disparition

Un tel *statu quo* n'est pourtant pas tenable, considèrent les promoteurs d'un changement de modèle. Pour des raisons sanitaires et écologiques, mais pas seulement. Depuis quelques années, les spécialistes s'inquiètent d'une ombre qui plane au-dessus de l'agriculture française. Celle de la disparition prochaine de centaines de milliers d'exploita-

21. L'Atelier Paysan, *op. cit.*

tions. En effet, en 2020, la moitié des 500 000 exploitants agricoles étaient âgés de 55 ans et plus, et un bon quart avait plus de 65 ans[22]. « *Le rythme actuel des installations en agriculture (13 000 en 2019) ne permettra pas de compenser les cessations d'activités massives prévues dans les années à venir...* [...]. *Un quart des 400 000 exploitations pourrait ainsi disparaître en cinq ans seulement*[23] », peut-on lire dans un avis du Conseil économique, social et environnemental (Cese) paru en juin 2020.

Mathieu Courgeau, éleveur vendéen de vaches laitières et coprésident du collectif Nourrir[24], identifie deux causes majeures dans la difficulté de renouvellement générationnel au sein de la profession agricole[25]. La première est le problème d'accès au foncier des nouveaux agriculteurs qui voudraient s'installer. Les terres sont souvent soit trop chères, soit *trustées* par des exploitants locaux qui cherchent à s'agrandir, et qui ont la préférence des vendeurs. La seconde est le manque d'attractivité d'un métier dont les conditions d'exercice dans le cadre du modèle productiviste font de moins en moins envie. Pour Mathieu Courgeau, si l'on veut assurer la pérennité de l'agriculture en France, il est temps de favoriser le développement d'un système agricole

22. Ministère de l'Agriculture, « Âge et devenir des exploitations agricoles », vizagreste.agriculture.gouv.fr, s. d.

23. Bertrand Coly, « Entre transmettre et s'installer, l'avenir de l'agriculture ! », *Les Avis du Cese*, juin 2020.

24. Anciennement appelé Pour une autre PAC, le collectif Nourrir rassemble cinquante-deux organisations paysannes et citoyennes françaises œuvrant à « *la mise en place de politiques agricoles et alimentaires justes, démocratiques et écologiques* » (collectifnourrir.fr).

25. Entretien avec l'auteur, février 2023.

plus vertueux dans lequel les producteurs trouveront davantage de satisfaction.

« *On a perdu 100 000 exploitations en dix ans. On va encore en perdre 200 000 d'ici dix ans. En continuant de promouvoir le modèle productiviste, on est en train de détricoter complètement l'agriculture*[26] », s'alarme à son tour Yuna Chiffoleau. La sociologue perçoit le risque d'une fracture exacerbée au sein du système agroalimentaire, avec d'un côté « *les très grosses exploitations qui vont rester, car ce sont des entreprises capitalistiques, et, de l'autre, les très petites qui vont s'en sortir aussi grâce aux Amap, aux marchés locaux, etc.* » Gery Lootvoet confirme la probabilité d'un tel scénario et témoigne d'une tendance systémique qui ne laisse pas le choix aux agriculteurs : « *Si vous ne voulez pas disparaître, soit vous vous engouffrez dans la spirale de l'agrandissement, soit vous essayez de vous diversifier en partant sur des petites productions de niche ou de la vente directe.* » Pour lui, il y a un réel enjeu à favoriser la pérennisation des structures de taille moyenne, « *qui permettent de trouver de l'emploi et également de sécuriser l'activité agricole sur le territoire, car elles restent transmissibles* ».

Comment maintenir une activité agricole sur le territoire ? Cette question travaille de nombreux élus locaux. Elle était, par exemple, au cœur des Assises de l'alimentation lancées en février 2023 dans les Yvelines, autour de l'enjeu de souveraineté alimentaire du département. « *Notre territoire est concerné par les départs à la retraite de nombreux agriculteurs dans un futur proche et par le problème de la reprise des exploitations*, explique Sophie Danlos, directrice des

26. Entretien avec l'auteur, novembre 2022.

programmes alimentaires et des circuits courts au conseil départemental des Yvelines. *Par ailleurs, nous constatons un déficit d'offre locale par rapport à la consommation de fruits et légumes, et de viande*[27]. » Parmi les solutions en cours de réflexion, le Département n'exclut pas de racheter temporairement des terres ou des bâtiments pour les louer à de nouveaux agriculteurs qui voudraient développer une activité en circuit court, parfois le temps qu'ils stabilisent leur modèle économique et qu'ils puissent éventuellement racheter le foncier. L'approvisionnement mutualisé des établissements scolaires du territoire (écoles, collèges et lycées) pourrait permettre, dans un premier temps, de garantir à ces derniers des débouchés commerciaux. La priorité, explique Sophie Danlos, est de sécuriser l'avenir de l'agriculture locale. Ensuite, « *nous pourrons réfléchir aux critères de qualité* », précise cette spécialiste des systèmes agricoles et alimentaires durables. Pour Yuna Chiffoleau, les exploitations de taille intermédiaire, menacées de disparition, auraient un rôle central à jouer dans le développement d'une offre plus massive (et potentiellement moins chère) d'une alimentation locale et de meilleure qualité : « *Elles sont trop petites pour être compétitives sur le plan international, et trop grandes pour se tourner vers les Amap et la vente directe. C'est donc avec celles-ci qu'il faut travailler. Il faut les encourager à augmenter leurs standards vers plus de qualité.* »

---

27. Entretien avec l'auteur, février 2023.

Une transformation progressive

Mais changer de pratiques ne va pas de soi. Les problèmes financiers rencontrés par nombre d'agriculteurs peuvent empêcher toute marge de manœuvre. « *Il faut aussi pouvoir se libérer du temps pour se poser, entamer une réflexion, s'approprier toutes les techniques et la réglementation liées au nouveau modèle de production*, explique Gery Lootvoet. *S'il n'y a pas un conjoint, un enfant ou quelqu'un qui vient prêter main-forte, c'est franchement un défi. Il y a énormément d'agriculteurs qui sont saturés de travail.* »

La conversion en agriculture biologique, sans engrais ni pesticides chimiques, n'est pas anodine, insiste Jean-Claude Balbot. D'abord, en termes de rendement. « *D'autant plus, dans le paysage agricole actuel où beaucoup de protections naturelles, comme les haies, les arbres, n'existent souvent plus sur les parcelles* », précise-t-il. Dans le Lauragais, Laurent Perdereau raconte ainsi avoir perdu entre 30 et 50 % de son rendement en blé après être passé en bio. « *Comme nous n'avons pas de fumier pour remplacer l'engrais, les pousses de blé n'ont pas assez d'azote, et sont donc beaucoup plus fragiles* », explique-t-il. Une autre grosse conséquence de la transition sera l'explosion en besoin de main-d'œuvre. « *C'est un peu l'éléphant au milieu de la pièce, le sujet que personne ne sait traiter complètement*, admet Sophie Danlos, dans les Yvelines. *Pourtant, vous pouvez mener toutes les politiques de diversification de l'agriculture que vous voulez, s'il n'y a pas de main-d'œuvre formée, ce sera vain.* »

Au regard de tout cela, Mathieu Dalmais, estime que la transformation de notre système agroalimentaire ne pourra se faire que progressivement, et nécessitera une volonté politique forte. « *Il faut une démarche beaucoup plus proactive de la part des pouvoirs publics. Et pas seulement pour interdire certaines pratiques agricoles, mais aussi et surtout pour accompagner les paysans, notamment par le biais des aides et celui de la formation, et pour leur assurer des prix rémunérateurs*[28] », considère-t-il. Puisque l'agriculture française est subventionnée, en grande partie par la PAC, pourquoi ne pas se servir de cet outil pour favoriser l'avènement d'un modèle agricole qui répond aux enjeux sanitaires, écologiques, économiques et sociaux auxquels nous faisons face ?

Pensée dans une optique productiviste, l'attribution des aides directes de la PAC dépend, depuis les années 1990, principalement du nombre d'hectares. Ce qui tend à favoriser les grandes exploitations, indépendamment des emplois induits ou des pratiques agricoles. La nouvelle PAC lancée en janvier 2013 a pour ambition annoncée de « verdir » l'agriculture française. Mathieu Courgeau, du collectif Nourrir, reconnaît un certain nombre de petites avancées : « *Il y a désormais des aides pour les petits maraîchers qui en étaient jusque-là exclus, ou une dotation de 4 000 euros à l'actif, et non plus à l'hectare, pour les jeunes qui s'installent.* » Ces aides s'ajoutent à d'autres aides déjà existantes dans le cadre de ce qui est nommé les mesures agro-environnementales et climatiques (Maec) de la PAC, censées inciter les agriculteurs à changer leurs pratiques. « *Mais ces dispositifs sont sous-dotés, car le budget dédié à ces Maec est largement insuffisant*, tempère Mathieu Courgeau. *Il est de 250 millions d'euros, alors qu'il faudrait un milliard d'euros pour que cela ait un réel impact. Cela nécessiterait d'aller puiser dans les fonds prévus pour les aides directes à l'hectare.* » Ces dernières

28. Entretien avec l'auteur, janvier 2023.

restent le mécanisme central de la PAC version 2023. En France, elles ont même été renforcées. *« Leur poids dans le budget du premier pilier de la PAC*[29] *est passé de 44 à 48 %. Rien que cela montre que nous ne sommes pas sur la bonne voie »*, note le paysan vendéen. La stratégie « De la ferme à la table », adoptée en octobre 2021 par le Parlement européen, qui vise un *« système alimentaire équitable, sain et respectueux de l'environnement »*[30], contient des objectifs forts. Reste à voir comment ceux-ci se traduiront, notamment dans la prochaine PAC.

Changement de paradigme

Dans un rapport rendu à l'Assemblée nationale en septembre 2021, France Stratégie, une institution autonome placée auprès du Premier ministère, préconise de repenser les aides directes de la PAC afin qu'elles soient proportionnelles au travail agricole plutôt qu'à la taille des exploitations. Selon les auteurs, *« cela permettrait, d'une part, d'assurer à tous les agriculteurs un paiement minimal déconnecté du niveau de la production agricole, et d'autre part, de tenir compte de l'augmentation de la charge de travail lors du passage à des pratiques agroécologiques*[31] ». Ces aides privilégiant le travail

---

29. La PAC est organisée en deux piliers. Le premier, le plus important puisqu'il représente environ 80 % des dépenses de la PAC, porte les mesures de soutien aux marchés et aux revenus des exploitants agricoles.

30. Commission européenne, « Une stratégie "De la ferme à la table" pour un système alimentaire équitable, sain et respectueux de l'environnement », mai 2020.

31. Julien Fosse, Peggy Furic, Cyril Gomel, Marie Hagenburg, Julien Rousselon, « Pour une alimentation saine et durable. Analyse des politiques de l'alimentation en France », strategie.gouv.fr, septembre 2021, p. 99.

pourraient être conditionnées, par exemple, par le nombre d'emplois créés sur la ferme. Une autre idée, avancée par certains spécialistes, serait de rémunérer les agriculteurs qui adoptent des pratiques durables pour les services agro-environnementaux et territoriaux qu'ils fournissent à la société (protection des sols et de la biodiversité, coûts évités en dépollution des eaux, etc.).

Enfin, si l'on veut permettre à un système agroalimentaire plus vertueux de se développer et de se pérenniser en France, on ne pourra faire l'impasse sur une révision des accords commerciaux internationaux. « *On ne peut pas demander au consommateur de faire des choix responsables et au producteur d'avoir une pratique raisonnée de l'agriculture si on les expose au* dumping *environnemental et social* via *l'import*, estime Olivier de Schutter. *Il est sidérant de constater qu'aujourd'hui l'Autorité européenne de sécurité des aliments, qui est très sourcilleuse quant à l'utilisation en Europe de certains pesticides, parce qu'ils ne veulent pas que les consommateurs européens soient empoisonnés, ne puisse s'opposer à l'import de produits provenant de pays qui n'ont absolument pas les mêmes exigences*[32]. » L'universitaire belge déplore un manque total de cohérence. « *Il est extrêmement important que nos politiques commerciales soient alignées sur nos objectifs de transition interne* », conclut-il, partisan d'accords commerciaux qui incluent « *des conditions fortes en matière environnementale et sociale* ». Pour certains observateurs, la taxe carbone aux frontières[33] adoptée en

32. Entretien avec l'auteur, septembre 2021.

33. Le principe est de taxer, dans les secteurs les plus polluants (acier, ciment, engrais, etc.), les importations de marchandises depuis des pays tiers aux normes moins strictes dans la lutte contre les émissions de gaz à effet de serre.

décembre 2022 par l'Union européenne est un modèle qu'il pourrait être intéressant de dupliquer. La question se pose aussi à un degré moindre pour les échanges commerciaux à l'intérieur de l'Europe, souligne Mathieu Courgeau : « *Aujourd'hui, ne serait-ce qu'entre la France et l'Espagne, nous constatons un manque d'harmonisation que ce soit du point de vue social, fiscal ou environnemental, ce qui impacte particulièrement les producteurs de fruits et légumes.* »

Permettre l'accès de tous à une alimentation choisie, saine et durable, sans pour autant pressuriser les producteurs, l'équation semble aujourd'hui complexe. La résoudre nécessite de tels bouleversements qu'elle restera insoluble si un changement de paradigme ne s'opère pas au sein de notre société. Il existe des freins puissants à lever, des intérêts divergents à dépasser. Pour cela, il est nécessaire de prendre le temps d'asseoir autour d'une table les consommateurs et les producteurs, sans oublier les transformateurs et les distributeurs, chaînons centraux de notre système agroalimentaire, afin de repenser collectivement la place de l'alimentation dans nos vies et dans notre société.

Conclusion

Peut-on garantir l'accès de tous à une alimentation choisie, saine et durable, simplement à coups de taxes, d'interdictions et/ou d'obligations et de subventions ? Beaucoup d'acteurs militants interrogés dans ce livre en doutent. Ce serait nier l'existence des multiples enjeux contradictoires qui se jouent autour de l'alimentation, et sous-estimer la puissance des acteurs du système actuel dont l'intérêt est que rien ne change. Cela signifierait aussi ne pas avoir conscience de la brutalité d'une politique qui viendrait fortement nous contraindre dans nos modes de consommation, surtout dans un domaine aussi intime que celui de la nourriture. Ce serait, enfin, prendre le risque qu'encore une fois les plus précaires pâtissent, plus que les autres, de mesures prises, au nom d'impératifs sanitaires et écologiques, sans tenir compte de leurs envies, de leurs besoins et de leurs contraintes. Pour certains promoteurs du changement, ce dernier ne pourra avoir lieu sans que soit pris le temps de la concertation et du débat démocratique autour de la question alimentaire.

Le système agroalimentaire de ces dernières décennies a eu des conséquences importantes sur notre perception de l'alimentation. La première est d'en avoir fait un acte strictement individuel, instillant l'idée que, dans la consommation comme dans la production, tout est une question de choix et de responsabilité personnelle. La deuxième est d'avoir déconnecté l'assiette du champ, tout comme le champ de l'assiette. Comme le constatent les auteurs du rapport « Vers une alimentation durable », *« le mangeur a été de plus en plus réduit à un strict rôle de consommateur sous l'effet* [notamment] *de l'allongement considérable des circuits de transformation et de distribution des produits alimentaires.* [Ainsi,] *il ne connaît presque rien des conditions réelles de production, de transformation et de distribution*[1]. » Selon un sondage[2] réalisé en 2014, un Français sur deux aurait « très souvent » ou « souvent » le sentiment de ne plus vraiment savoir de quoi se composent les produits alimentaires qu'il consomme. La majorité d'entre eux ne sait pas non plus que sur 10 euros d'achats alimentaires en France, les agriculteurs français ne perçoivent que 0,65 centime[3]. À l'autre bout de la chaîne, la fonction de paysan a été réduite à celle de simple fournisseur de matière première. Beaucoup d'agriculteurs qui produisent pour l'industrie agroalimentaire ne savent pas où va être vendu le fruit de leur travail, ni même sous quelle forme. La troisième conséquence est d'avoir installé la croyance selon laquelle le « juste prix » est le prix le plus bas possible, *« quand bien même ce prix compressé est synonyme de mauvaise rémunération pour les agriculteurs et de*

---

1. Françoise Cartron, Jean-Luc Fichet, rap. cit., p. 24.
2. Ipsos, « "Consommer local" : ce que veulent les Français », 12 février 2014.
3. Cela s'explique à la fois par les importations croissantes de produits alimentaires et par la faible part de la valeur ajoutée du produit (répercutée dans son prix final) qui revient aux producteurs, notamment par rapport à celles des transformateurs industriels et des distributeurs (*La lettre de l'Observatoire de la formation des prix et des marges des produits alimentaires*, n° 16, 2019).

nombreux "coûts cachés" pour la santé et l'environnement[4] », rappellent les auteurs d'une étude publiée par le Réseau Action Climat.

Ainsi, les freins au changement, forgés par quarante ans de domination de l'industrie agroalimentaire, ne sont pas que matériels et organisationnels, ils sont aussi psychiques et sociaux. Et pas simplement du côté des consommateurs. « *Parfois on s'entend dire par des collègues : "Vous n'êtes plus des agriculteurs"*, rapporte Gery Lootvoet, qui fait, avec d'autres producteurs de son territoire, de la transformation et de la vente directe. *Pourtant, on ne fait ni plus ni moins que ce que faisaient nos grands-parents paysans qui vendaient sur le marché. Mais il y a une génération, entre deux, qui a arrêté ces pratiques et est partie à fond dans la production*[5]. » Pour que les choses changent, pense-t-il, il faudra sans doute en passer par une évolution des mentalités. Pour les auteurs de l'ouvrage *Reprendre la terre aux machines*[6], cette défiance qui s'exprime au sein du monde agricole perdurera tant que la société continuera de faire porter « *la responsabilité des conséquences écologiques ou sanitaires des politiques productivistes aux individus qui n'en sont que les exécutants* ». Et de poursuivre : « *Comment s'étonner* [de cette défiance] ? *Quand, de surcroît, les discours environnementalistes évacuent largement les aspects économiques du problème, alors que nombre d'agriculteurs français sont réduits à une précarité financière dramatique ?* »

C'est au regard de tous ces freins, de part et d'autre, des incompréhensions et des crispations qui sont autant de

4. Réseau Action Climat, rap. cit.
5. Entretien avec l'auteur, octobre 2022.
6. L'Atelier Paysan, *op. cit.*

points de blocage, que Jean-Claude Balbot, coauteur de l'ouvrage *Reprendre la terre aux machines*, propose de réunir autour d'une table consommateurs et producteurs, mais aussi transformateurs et distributeurs. Cette concertation pourrait prendre la forme d'une grande conférence citoyenne (à l'image de celle pour le climat) ou de multiples petits comités locaux, comme imaginé dans le projet de SSA. Un espace d'interconnaissance permettrait à chacun de se rendre compte du poids de son action sur l'ensemble du système agroalimentaire, de ce qu'impliquent ses choix et ses demandes pour les autres acteurs, et également de prendre conscience des besoins et des contraintes de ces derniers. Ce serait un endroit où repenser la place de l'alimentation dans la société et dans nos vies : Qu'est-ce qui détermine aujourd'hui nos actions en tant que consommateurs, producteurs, transformateurs et distributeurs ? Comment faire évoluer ces déterminants pour qu'émerge un système alimentaire qui réponde aux défis sanitaires, économiques, sociaux et environnementaux auxquels nous sommes confrontés ?

Cette idée rejoint celle des « communautés de pratiques » conceptualisées par Étienne Wenger, théoricien suisse de l'éducation, dans les années 1990, à savoir « *des groupes d'acteurs aux intérêts et identités différenciées qui travaillent ensemble à la résolution de problèmes partagés*[7] ».

L'alimentation est-elle un bien comme un autre ? Ne faut-il pas la sortir de la pure logique de marché et l'envisager comme un bien commun au service de l'intérêt général, à

7. Bertrand Valiorgue, Thomas Roulet, « Malaise dans l'agriculture française », laviedesidees.fr, 22 mars 2019.

l'image de la santé ? C'est ce que défendent certains militants de la transition alimentaire, notamment ceux qui portent le projet d'une SSA. C'est à cette condition, estiment-ils, que l'on pourra lutter efficacement et durablement contre la précarité alimentaire. C'est aussi cette réflexion collective qui permettra de transformer notre agriculture en servant de boussole aux politiques de transition agricole. « *L'alimentation est la fonction sociale de l'agriculture*, rappelle Mathieu Dalmais. *Et, pour sortir du libéralisme, il faut piloter un système économique, non pas par sa production, mais par sa fonction sociale*[8]. »

Certains spécialistes, enfin, proposent de faire reposer un tel projet de société sur une base juridique forte : celle d'un droit à l'alimentation. Car aujourd'hui, en France, « *l'accès de tous à l'alimentation est un objectif politique qui ne bénéficie d'aucune protection juridique, pas même pour être à l'abri de la faim*[9] », souligne la juriste Magali Ramel, qui a publié une thèse sur le sujet. Ce droit à l'alimentation existe au niveau international, il est reconnu dans la Déclaration universelle des droits de l'Homme de 1948 (article 25) comme faisant partie du droit à un niveau de vie suffisant, et est inscrit dans le Pacte international de 1966 relatif aux droits économiques, sociaux et culturels (article 11). Le rapporteur spécial des Nations unies sur le droit à l'alimentation, le définit comme « *le droit d'avoir un accès régulier, permanent et libre, soit directement, soit aux moyens d'achats monétaires, à une nourriture quantitativement et qualitativement adéquate*

8. Mathieu Dalmais, « De la fourche à la fourchette... Non ! L'inverse ! », conférence gesticulée à voir sur conferences-gesticulees.net
9. Magali Ramel, thèse citée.

et suffisante, correspondant aux traditions culturelles du peuple dont est issu le consommateur, et qui assure une vie psychique et physique, individuelle et collective, libre d'angoisse, satisfaisante et digne[10] ». S'il est aujourd'hui reconnu explicitement dans une trentaine de constitutions nationales[11], dont celles du Brésil, du Kenya ou encore de l'Ukraine, il ne l'est pas en France, ni dans aucun pays dit développé. Cela peut s'expliquer par l'idée préconçue que, dans ces pays, la sécurité est assurée, et l'insécurité, un non-sujet. Ou bien par une réticence des États à engager leur responsabilité en reconnaissant un tel droit.

Concernant la France, Magali Ramel émet une autre hypothèse. Celle du poids exercé par la tradition caritative dans notre réponse à l'insécurité alimentaire, qui favorise une approche « *fondée sur le don et non sur le droit* ». Pour la juriste, s'attaquer à la question de la précarité alimentaire par le biais du droit à l'alimentation aurait pourtant l'avantage de « *centrer l'approche sur le mangeur, sujet du droit* ». Cela garantirait, selon elle, une place centrale aux enjeux qui entourent l'accessibilité sociale à l'alimentation (autonomie, liberté de choix, dignité, etc.) et devrait permettre « *d'éviter l'écueil des approches focalisées sur les seuls enjeux d'une alimentation saine et durable* ».

Comment permettre à chacun, quelle que soit sa condition sociale, d'accéder dignement à une alimentation choisie, saine et durable ? La solution aujourd'hui n'existe pas. De nombreuses questions restent encore sans réponses, les

---

10. Nations unies, « À propos du droit à l'alimentation et des droits de l'homme », ohchr.org, s. d.
11. FAO, « Le droit à l'alimentation autour du globe », fao.org.

scénarios dessinés ici et là sont relativement hypothétiques. Mais une réflexion est en marche, des expérimentations se lancent à l'échelle locale avec des visées de transformation globale. Dans l'esprit de nombreux acteurs militants, nous n'en sommes plus au stade de l'utopie. Et il serait temps que les responsables économiques et politiques, qui détiennent un fort pouvoir de transformation, en soient également convaincus. Car les maux sociaux, environnementaux et sanitaires que génère notre système alimentaire, eux, sont très concrets.

Remerciements

Merci à toutes les personnes que j'ai interviewées pour écrire ce livre, pour leur confiance et pour avoir pris le temps de partager leur expérience et leur analyse.

Merci à Julia, Ariane, Clément, Camille, Marie, Laurent, Patricia et Emmanuel pour leur soutien et pour leurs précieuses contributions à la réalisation de cet ouvrage.

Merci, enfin, aux Édition de l'Atelier, à Gaëlle Bidan, et à Charlotte Goure, Anne Jouve, Marie Piquet, Ouria Zaghdoud et Éloïse Martin pour leur relecture rigoureuse et enrichissante.

Table des matières

Mise en page : Le vent se lève...

Achevé d'imprimer sur les presses de Corlet, Imprimeur
14110 Condé-en-Normandie
N° fab. : 7064 – N° d'imprimeur : 22120372
Dépôt légal : avril 2023

Imprimé en France